AS TRÊS AVENIDAS

Mauro Moreira

AS TRÊS AVENIDAS

Lições de um Caminho Profissional

ALTA LIFE
EDITORA

Rio de Janeiro, 2020

As Três Avenidas – Lições de um caminho profissional
Copyright © 2020 da Starlin Alta Editora e Consultoria Eireli. ISBN: 978-65-552-0003-4

Todos os direitos estão reservados e protegidos por Lei. Nenhuma parte deste livro, sem autorização prévia por escrito da editora, poderá ser reproduzida ou transmitida. A violação dos Direitos Autorais é crime estabelecido na Lei nº 9.610/98 e com punição de acordo com o artigo 184 do Código Penal.

A editora não se responsabiliza pelo conteúdo da obra, formulada exclusivamente pelo(s) autor(es).

Marcas Registradas: Todos os termos mencionados e reconhecidos como Marca Registrada e/ou Comercial são de responsabilidade de seus proprietários. A editora informa não estar associada a nenhum produto e/ou fornecedor apresentado no livro.

Impresso no Brasil — 1ª Edição, 2020 — Edição revisada conforme o Acordo Ortográfico da Língua Portuguesa de 2009.

Produção Editorial
Editora Alta Books

Gerência Editorial
Anderson Vieira

Gerência Comercial
Daniele Fonseca

Produtor Editorial
Illysabelle Trajano
Juliana de Oliveira
Thiê Alves

Assistente Editorial
Leandro Lacerda

Marketing Editorial
Lívia Carvalho
marketing@altabooks.com.br

Coordenação de Eventos
Viviane Paiva
eventos@altabooks.com.br

Editores de Aquisição
José Rugeri
j.rugeri@altabooks.com.br
Márcio Coelho
marcio.coelho@altabooks.com.br

Equipe Editorial
Adriano Barros
Ian Verçosa
Laryssa Gomes
Maria de Lourdes Borges
Meira Santana

Nathally Freitas
Raquel Porto
Rodrigo Dutra
Thales Silva

Equipe Design
Ana Carla Fernandes
Larissa Lima
Paulo Gomes
Thais Dumit
Thauan Gomes

Revisão Gramatical
Elaine Batista
Flavia Carrara

Diagramação
Bruno Olivoto

Capa
Joyce Matos

Publique seu livro com a Alta Books. Para mais informações envie um e-mail para autoria@altabooks.com.br
Obra disponível para venda corporativa e/ou personalizada. Para mais informações, fale com projetos@altabooks.com.br

Erratas e arquivos de apoio: No site da editora relatamos, com a devida correção, qualquer erro encontrado em nossos livros, bem como disponibilizamos arquivos de apoio se aplicáveis à obra em questão.
Acesse o site www.altabooks.com.br e procure pelo título do livro desejado para ter acesso às erratas, aos arquivos de apoio e/ou a outros conteúdos aplicáveis à obra.
Suporte Técnico: A obra é comercializada na forma em que está, sem direito a suporte técnico ou orientação pessoal/exclusiva ao leitor.
A editora não se responsabiliza pela manutenção, atualização e idioma dos sites referidos pelos autores nesta obra.
Ouvidoria: ouvidoria@altabooks.com.br

Dados Internacionais de Catalogação na Publicação (CIP) de acordo com ISBD

M838t	Moreira, Mauro
	As Três Avenidas: lições de um caminho profissional / Mauro Moreira. - Rio de Janeiro : Alta Books, 2020.
	176 p. : il. ; 14cm x 21cm.
	ISBN: 978-65-552-0003-4
	1. Administração. 2. Carreiras. 3. Sucesso. 4. Caminho profissional. 5. Lições. I. Título.
2020-720	CDD 650.14
	CDU 658.011.4

Elaborado por Vagner Rodolfo da Silva - CRB-8/9410

Rua Viúva Cláudio, 291 — Bairro Industrial do Jacaré
CEP: 20.970-031 — Rio de Janeiro (RJ)
Tels.: (21) 3278-8069 / 3278-8319
www.altabooks.com.br — altabooks@altabooks.com.br
www.facebook.com/altabooks — www.instagram.com/altabooks

Sumário

Agradecimento vii
Prefácio xv
Introdução 19

PRIMEIROS EMPREGOS
O INÍCIO DA VIDA ADULTA 29
    Primeiros passos em auditoria e o grande amor no caminho 30

AS TRÊS AVENIDAS 35
    A primeira avenida 36
    A segunda avenida 38
    A terceira avenida 40

AS LIÇÕES PELO CAMINHO 43
    Ética e compromisso 46
    Gratidão 47
    Família em primeiro lugar 51
    Acredite, o mundo dá voltas e a história não termina 53
    A verdade, sempre 56
    Coragem 59
    Reconhecimento 66

Reconhecer o erro 70
Orgulho e identidade 75
Escutar os mais experientes 82
Foco 88
Bairrismo (ou "Defenda a sua terra natal") e desafios 99
Meritocracia 106
Palavra 110
Respeito 116
Não reverenciar 124
Não ignorar 133
Compromisso 140
Cerque-se de todos os cuidados 154
Ética — a história mais marcante 160

EPÍLOGO 169
POSFÁCIO 175

Agradecimento

Eu gostaria de fazer, neste espaço, alguns agradecimentos de vida. Aos companheiros, sócios e colaboradores que tive ao longo da carreira, que foram essenciais na construção da minha vida profissional. Aos diversos — ainda bem! — amigos que reuni durante toda a vida. Começo por minha família, centro gravitacional de tudo e bem mais precioso.

Esta é a última foto que tenho com meus queridos pais, no aniversário do meu filho Renato.

DONA CELESTE

À minha mãe, Dona Celeste, levada por papai do céu em 2018, que sempre abdicou de qualquer coisa em favor dos seus amados filhos. Sua forte presença na minha criação cultivou e sedimentou os valores relacionados à minha dedicação à família. Dura e doce, na mesma medida, Dona Celeste me deixou marcas indeléveis.

"Mamãe, mamãe, mamãe,
eu te lembro chinelo na mão,
o avental todo sujo de ovo,
se eu pudesse,
eu queria, outra vez, mamãe,
começar tudo, tudo de novo"[1].

---

[1] Trecho de *Mamãe*, eternizada na voz de Angela Maria.

AGRADECIMENTOS

SEU DIDI

Ao meu pai Moadir (*seu* Didi), que papai do céu levou em 1991, pela transmissão dos valores da honestidade, da dignidade e do trabalho, que sempre nortearam a minha vida e me trouxeram até o lugar onde estou hoje. Quantas vezes chorei de saudade ouvindo *Naquela mesa*, eternizada na voz de seu ídolo maior na música, Nelson Gonçalves:

> "*Naquela mesa ele contava histórias*
> *que hoje na memória eu guardo e sei de cor*
> *naquela mesa ele juntava gente*
> *e contava contente o que fez de manhã*
> *e nos seus olhos era tanto brilho*
> *que mais que seu filho*
> *eu fiquei seu fã.*
> [...]
> *Naquela mesa está faltando ele*
> *e a saudade dele está doendo em mim*".

JORGE

Ao meu irmão Jorge, pelas longas conversas noturnas, recheadas de bons conselhos, que levei para a vida, no quarto que, por tantos anos, compartilhamos. Agradeço também pelo cuidado e proteção despendidos com o irmão mais novo, que sempre deu trabalho — e sei que não foi pouco.

Agradecimento

ROSANGELA

À minha esposa Rosangela, pelo companheirismo, carinho, admiração e apoio irrestritos, incondicionais e infindáveis. Pelo astral e leveza tão necessários na longa jornada da vida. Em suma, pelo amor que sempre esteve presente em nossa relação, por lutar e colocar a nossa família sempre em primeiro lugar. Sem você não chegaríamos aonde chegamos.

Em especial, à Rosangela, um trechinho da música mais linda, trilha sonora de nossa relação.

"Yours are the sweetest eyes I've ever seen".
("Seus olhos são os mais doces que já vi").

Do clássico dos clássicos, *Your Song* (*Sua Música*), composta e eternizada na voz de Elton John.

E mais, porque jamais haverá homenagem suficiente:

"You're everything I hoped for,
You're everything I need.
You are so beautiful… to me".
("Você é tudo que eu esperava,
Você é tudo o que eu preciso
Você é tão bonita… para mim").

Trecho de "You are so beautiful" ("Você é tão bonita"), eternizada na voz de meu ídolo maior na música: Joe Cocker. Te amo, em todos os idiomas, tempos e dimensões!

RENATO

Ao meu filho Renato, agradeço simplesmente por existir e dar sentido mais que especial à minha vida. Sua felicidade também é a minha, inclusive suas agruras e sofrimentos — felizmente menores em sua feliz trajetória. Saiba que você é, e sempre será, a razão principal da minha felicidade. Amo, inclusive, aquele tempero extra de sua personalidade, que é a incorrigível rabugice.

Faz 17 anos que possuo esta fotografia, mas continuo a adorá-la. Ao meu lado encontram-se meu filho Renato e minha esposa Rosangela.

Sem essas pessoas eu jamais seria o homem que me tornei. Muito obrigado.

Ao querido sobrinho que a vida me deu, Felipe Rosalvo, o "Homem Nacional", para os íntimos. Agradeço por toda a ajuda na realização desse antigo sonho, contribuindo com sugestões e romanceando as histórias aqui contadas, sendo muito mais que um mero revisor ou crítico literário.

Às assistentes que tive ao longo da carreira, com especial ênfase nos agradecimentos à Fátima Furlan, à Sônia Cunha e à Helena Figueiredo. Muito obrigado pela lealdade e paciência que tiveram comigo durante o longo tempo em que trabalhamos juntos. Ninguém chega a lugar algum sem a retaguarda de profissionais dedicados e leais.

Agradeço, sobretudo, a Deus, sempre presente em minha vida e em minhas decisões.

"O correr da vida embrulha tudo, a vida é assim: esquenta e esfria, aperta e daí afrouxa, sossega e depois desinquieta. O que ela quer da gente é coragem. O que Deus quer é ver a gente aprendendo a ser capaz de ficar alegre a mais, no meio da alegria, e ainda mais alegre no meio da tristeza!"

Trecho de *Grande Sertão: Veredas,* de João Guimarães Rosa

Prefácio

Este livro nasceu do sonho de Mauro Moreira, que planejou lançá-lo quando estivesse prestes a completar 40 anos de uma carreira de sucesso como auditor. O título surgiu da constatação de que sua vida profissional e pessoal transcorreu em paralelo a três grandes avenidas do Rio: Brasil, Maracanã e Niemeyer. Por elas passaram seus sonhos, suas angústias e suas realizações. Ao contar de forma bem-humorada os "casos reais" vividos ao longo da carreira, o autor os relaciona com os princípios e valores que devem estar presentes na vida do profissional: coragem, palavra, verdade, respeito e reconhecimento são apenas alguns deles.

Segundo Mauro, o sucesso profissional se resume em três palavras: competência, ética e compromisso com resultados, instituições e pessoas, com atendimento ao longo da carreira, a empresas de grande expressão, como Coca-Cola, Grupo Globo, Multiplan, Telefônica, TIM e Vale, onde conquistou grandes amigos.

Outro traço marcante é sua capacidade de avaliar, orientar e promover profissionais, muitos deles ocupando, atualmente, cargos relevantes no país e no exterior. Assim, Mauro Moreira deixa registrado neste livro um relato dos momentos importantes vividos por ele, na esperança de que possam ser úteis aos leitores e ao público em geral.

Octávio Florisbal

Formado em comunicação e marketing pela ESPM. Atuou em agências de publicidade. Foi diretor geral da TV Globo e membro do Conselho de Administração do Grupo Globo. Constituiu e dirige o Instituto de Filantropia Helena Florisbal.

À minha família, porque "bastar-se a si mesmo é a maior solidão" (Vinícius de Moraes).

Introdução

Este livro é um projeto que estabeleci e cultivei, com muito afeto, ao longo dos últimos anos. Meu desejo — realizado — era de que o livro fosse lançado no exato dia da minha retirada das atividades profissionais de auditor independente, incumbências essas exercidas por quase 40 anos com muito êxito, satisfação e realização.

Sempre ouvi o célebre provérbio, de origem desconhecida e atribuído aos gregos e troianos, que dita que o homem, em sua passagem pela Terra, tem o dever de plantar uma árvore, ter um filho e escrever um livro. O filho, Renato, já tive; a árvore, já plantei — uma **Brassaia**, plantada no quintal da sempre festiva e fervilhante casa dos queridos amigos Kell e Bete, irmãos que a vida me deu. Não poderia haver lugar melhor para plantá-la, pois sei que lá a **Brassaia** será tratada com todo carinho e crescerá bela e forte.

E por que "raios" a **Brassaia** foi a espécie escolhida?! Porque foi a primeira planta que eu e minha bela Rô compramos, pouco antes de nos casarmos. Por sinal, aquela primeira é, hoje, uma pequena árvore na varanda de minha casa. É como uma metáfora para o nosso amor, que apenas se expandiu e se fortaleceu ao longo dos anos.

Pois bem, para mim faltava, então, apenas o último dever. Mas, afinal, escrever sobre o quê? Após muito refletir, decidi escrever sobre passagens da minha carreira profissional em auditoria, que me trouxe diversas e gratificantes experiências de vida.

O livro é um breve e íntimo relato pessoal sobre momentos que experimentei ao longo desses quase 40 anos, bem longe de um manual de regras ou da literatura de autoajuda. Diga-se de passagem, não se trata de um gênero que aprecio muito, para dizer o mínimo...

A rigor, também não tenho a pretensão de fazer aqui uma autobiografia abrangente, um tratado dos meus bem vividos anos. O tom, portanto, é de uma conversa, aquela resenha tão querida pelos cariocas, onde conto parte da minha trajetória e indico eventos que deixaram marcas indeléveis na minha formação.

Espero que seja lido como uma conversa agradável regada a um bom vinho, para quem é de vinho, ou à cerveja, para quem é do boteco.

Também não pretendo exortar ninguém aqui a seguir carreira em auditoria. Não posso deixar de dizer, porém, que é uma carreira que deveria, ao menos, ser considerada pelos mais jovens em busca do sucesso profissional. Olha, vale a pena! Essa carreira foi — e sempre será — propiciadora de grandes oportunidades e ascensão social. Nela, pude vivenciar experiências edificantes e gratificantes, junto a um crescimento pessoal e social que eu sequer imaginava ser possível.

Apenas para ilustrar, no decorrer de minha carreira tive a oportunidade de estar em quase todos os estados brasileiros. Fica mais fácil mencionar aqueles em que não estive a trabalho: Roraima, Rondônia, Acre e Tocantins. Em todos os demais estados e no DF, tive a oportunidade de atender a algum cliente. A carreira também me deu a oportunidade de conhecer diversos países: Alemanha, Argentina, Bolívia, Chile, Colômbia, Espanha, Estados Unidos, França, Inglaterra, Itália, Japão, México, Paraguai, Portugal, Suíça, Uruguai e Venezuela.

Tudo isso me deu condições de conhecer diversas culturas, o que é extremamente enriquecedor para o ser humano. Não menos importante para o aprendizado de vida, também tive a oportunidade de conhecer lugares de miséria total, como, por exemplo, a favela do Beiradão, às margens do Rio Jari, no Amapá, um dos locais mais miseráveis do Brasil. Na vida a gente deve sempre aprender como fazer e como não fazer. E só as experiências no mundo real podem nos fornecer essas lições com vivacidade suficiente.

Mas antes de discorrer sobre as experiências e passagens vividas por mim e o aprendizado que tive com elas, devo dizer que a base de toda a minha realização pessoal e profissional vem da família que tive e tenho. Nasci em 1959, na maternidade do Hospital Geral de Bonsucesso, que fica no mesmo bairro em que morei durante toda a minha vida de solteiro. Fui nomeado Mauro em razão da idolatria do meu pai pelo zagueiro homônimo, reserva de Bellini — capitão do nosso primeiro título mundial, e eternizado em estátua no Maracanã — na Copa do Mundo de 1958, e, enfim, titular e capitão no nosso bicampeonato, em 1962.

"Mauro, o capitão que soube esperar"[1], bem descreve o site oficial da Confederação Brasileira de Futebol, exaltando a perseverança e a paciência do meu xará, capitão após duas Copas do

---
[1] https://www.cbf.com.br/selecao-brasileira/torcedor/jogos-inesqueciveis/mauro-o--capita-que-soube-esperar.

Mundo — 1954 e 1958 — como reserva. São duas virtudes que aprecio bastante, por sinal. E, no mais, para o meu alívio, trata-se de um nome comum. Imaginem só se meu pai fosse fã de algum outro zagueiro chamado, por exemplo, Odvan?!

Voltando: vivi em Bonsucesso por toda a minha juventude e só saí de lá quando me casei, em 1985. Tive a sorte de nascer em uma família de sólidos valores morais e firme ética do trabalho. Meus pais, coincidentemente, perderam seus respectivos pais quando tinham apenas 12 anos de idade. Precisaram, portanto, trabalhar desde muito cedo para ajudar as minhas avós.

Meu pai, nascido em Macaé, na baixada litorânea do estado, com a morte de meu avô paterno, veio com toda a família para a capital — eram, no total, cinco irmãos e minha avó. Alfinetinho, como era conhecido, por sua constituição física magricela e esguia, logo conseguiu serviços em comércio. Ainda bastante jovem, tirou a carteira de motorista profissional para trabalhar como motorista de lotação e, posteriormente, como taxista.

Por anos e anos, meu pai trabalhou "na praça", fazendo ponto no Largo da Cancela, em São Cristóvão, durante o dia e, a cada 2 dias, dando plantão noturno nos Correios, ou seja, durante muitos anos, mais precisamente até se aposentar, meu pai, ao menos 2 vezes por semana, trabalhava por 36 horas seguidas! Haja café! E esses plantões, por vezes, aconteciam em datas festivas, como aniversários, Natal, Ano Novo, Páscoa, Carnaval etc.

Minha avó materna, por sua vez, tinha uma pensão no bairro do Estácio (um dos grandes berços do samba carioca), onde minha mãe, desde cedo, já ajudava nas tarefas. Eram quatro irmãs e minha mãe era a segunda mais nova. Contava-me ela que pegava o bonde na Praça XI e ia, por volta das 04h00, comprar peixe na

Praça XV com a irmã imediatamente mais velha que, por sinal, é uma história à parte e vale uma breve digressão.

Tia Virgínia, apesar do nome, que indica pureza e inocência, era um autêntico e genuíno "fio desencapado". Casada com um delegado de polícia, logo conseguiu seu porte de armas e dele fazia muito bom uso, dependendo do ponto de vista. Uma situação muito contada na família foi quando ela deu cabo de uma briga do meu irmão, descendo de nossa casa com a pistola apontada para o agressor. Não era propriamente, como se pode ver, um espírito pacífico. Outra particularidade da minha tia Virgínia é que nunca a vi bebendo água. Sempre cerveja. Era uma espécie de "Zeca Pagodinho de Bonsucesso", porém furiosa e impetuosa — no que era bem diferente do pacifismo meio zen-budista do Zeca. Acho que já deu para entender bem como era minha tia Virgínia...

Voltando à nossa história, o dono da peixaria, que já as conhecia, atendia rapidamente as irmãs para que fossem logo embora, em razão dos riscos que corriam num ambiente predominantemente masculino, salpicado de rústicos pescadores, e isso, veja-se, lá pelo início dos longínquos anos 1940. Certamente, não era dos ambientes mais aprazíveis para duas jovens que iniciavam suas vidas. É dessa união, de dois trabalhadores íntegros e dedicados, que desde cedo tiveram de lidar com muitas renúncias e responsabilidades, que eu nasci.

Sou o terceiro e último filho do Seu Moadir e da Dona Celeste. Antes de mim, meus pais tiveram a Sonia Regina, que, lamentavelmente, faleceu aos 3 anos, vítima de poliomielite; o meu irmão Jorge; e, finalmente, eu. Sonia, assim que nascera, foi chamada por minha avó materna de Nilza, nome que agradou minha mãe. Passados dois meses, todos se referiam à menina como

Nilza. Pelo que se pode perceber, o nome parece não ter agradado meu pai, que não fora consultado. Sorrateiramente, então, ele foi ao cartório e a registrou como Sonia Regina. Chegou em casa com a certidão de nascimento e todos levaram um tremendo susto. Nilza não existia mais. Coisas de Alfinetinho. Jorge, por sua vez, é fruto da promessa de minha mãe a São Jorge, que Alfinetinho não ousou descumprir.

Eu e meu irmão, lamentavelmente, não pudemos conhecer nossa irmã. Por muito tempo — para ser mais preciso, por quase toda a minha vida —, achei que havia sido batizado na Igreja da Penha, um dos cartões-postais do subúrbio carioca. Ao menos era o que minha mãe sempre me dizia. Acontece que o terceiro filho, embora receba todo o amor em casa, já está sujeito a algumas lendas ou, até mesmo, a alguns lapsos de memória. A vida não é tão simples e lúdica, nem soa como bossa-nova ou um "cool jazz", quando se tem outros filhos para criar... fato é que, na verdade, fui batizado na Igreja Nossa Senhora das Mercedes, em Ramos, próximo à quadra da Imperatriz Leopoldinense.

Bem, pelo menos foi próximo à minha escola de samba do coração, que, cumpre mencionar, foi criada no mesmo ano em que nasci, 1959. Dona Celeste me dera ciência do fato já em seus últimos dias. E olha que eu tirava a maior onda quando, ao passar pela Linha Vermelha, olhava para a suntuosa igreja da Penha e dizia para quem estivesse ao meu lado: fui batizado naquela igreja! Evidentemente, não há nenhum ressentimento ou mágoa da minha parte. Trata-se apenas de uma anedota divertida, que vale ser contada.

Aliás, falando em Dona Celeste — que fazia plena justiça ao nome, pois era mesmo uma enviada dos céus —, ela não chegava a ser uma tia Virgínia em toda sua impetuosidade e furor, é verdade; mas também não se tratava, propriamente, de um fio totalmente encapado, bem vedado. Tinha seus dias endiabrados, em que a descarga elétrica escapava com força. E esses dias tinham uma certa regularidade e frequência.

Já que falei do meu batizado na Igreja Nossa Senhora das Mercedes, cabe contar aqui outra história, que bem ilustra um desses dias de alta voltagem. Aos 4 anos de idade, fui matriculado no pré-primário do colégio Pio XI, que ficava exatamente em frente à mencionada igreja. Meu irmão, que também estudava por lá havia 5 anos, com comportamento exemplar, estava completando o primário. Na juventude é que eu e meu irmão invertemos nossos papéis habituais da infância e eu passei a ser o "bom garoto", e ele, o "fio desencapado".

Sempre fui uma criança bastante ativa e, digamos assim, arteira. Por conta desse comportamento, no último dia antes das férias do primeiro semestre, a madre superiora fez constar em minha caderneta escolar que eu não deveria retornar no segundo semestre, uma forma eufemística de dizer que eu estava sendo expulso do colégio. Imaginem só, uma criança de 4 anos de idade! Um absurdo.

Minha mãe, lendo aquilo, entrou na escola, irritadíssima, e indagou a tal madre superiora a razão da minha "expulsão". A propósito, o motivo seria pra lá de torpe, patifaria mesmo: certo dia, estávamos formados em fila, por ordem de altura, e a criança atrás de mim colou um chiclete na minha cabeça, no que eu virei e colei, igualmente, um na dela, e ainda dei-lhe um belo bico na canela. Reciprocidade, meus caros! Como sói[2] ocorrer, o menino chorou "em bicas" e eu fiquei como o malvado da história.

---
2 Termo antigo que significa "como costuma acontecer."

Conversa daqui, conversa dali e a madre superiora cai na asneira de perguntar à minha mãe se eu e meu irmão éramos filhos do mesmo pai. Estava montado o mise-en-scène: minha mãe, já com a mão levantada para dar "uns merecidos tapas" na madre superiora, responde que, fossemos nós filhos da mãe dela — da madre —, talvez pudéssemos ser filhos de pais diferentes. A madre, que podia ser tudo, mas não era boba nem nada, ao ver minha mãe com a mão levantada e a voz alterada, deu um "pinote" para a sala dos clérigos, onde se protegeu. Após certo "bafafá", os padres e madres conseguiram segurar a fúria indômita de Dona Celeste, a brava. Fomos embora e, claro, não retornei ao Pio XI.

Outro "pequeno engano" contado por minha mãe, esse provavelmente fruto de um lapso de memória ou coisa de terceiro filho mesmo, era de que eu havia nascido num domingo. A história era tão completa e fantasiosa que ela lembrava, inclusive, de estar jogando sueca e tomando uma cerveja com meu pai e tios, quando sentiu, naquele domingo ensolarado, segundo ela, as dores do parto.

Fato é que, há pouco tempo, um contato com um conhecido e folclórico sujeito que perambula pelas ruas da Ribeira, na Ilha do Governador, dizem que meio doidinho, me revelou que, na realidade, eu nasci numa terça-feira! É que a figura tem a capacidade de calcular o dia da semana de cabeça quando lhe é fornecida a data — habilidade devida, provavelmente, a um razoável grau de autismo. Na hora eu disse: "Tá errado, caiu num domingo!" Mas não é que ele acertou?! Cheguei no calendário do celular e, de fato, 21 de julho de 1959 foi uma terça-feira! A rapidez do sujeito para calcular as datas é tão surpreendente, em nível quase sobrenatural, que acaba por nos lembrar da clássica frase de Shakespeare: "Há mais coisas entre o céu e a terra do que sonha a nossa vã filosofia"[3]. Questionada, minha mãe reconheceu que nasci mesmo numa terça-feira. Agora, a dúvida que vai ficar comigo para a eternidade é a história do tal jogo de sueca tomando uma cerveja...

(...) Caramba, que sorte eu tive de nascer nessa família! Meus pais me ensinaram, com seus exemplos, que é através do trabalho, do esforço, da honestidade, de não cometer ou suportar desaforos e da dedicação que devemos conseguir as coisas. Cabe aqui, aliás, mencionar uma simpatia infalível para ganhar dinheiro que meus pais me ensinaram: "Acorde cedo, tome um bom banho, e vá trabalhar". Simples, direto e elegante. Esse ensinamento eu aprendi.

Como já dito, sou nascido e criado em Bonsucesso, bairro do subúrbio carioca, da zona da Leopoldina. Infelizmente, muitos dos meus amigos de infância tiveram um destino na vida muito frustrante ou triste. Em bairros da periferia sempre há um risco maior para a criação de um filho. Minha mãe sempre foi muito atuante, "marcava em cima". Quantas foram, aliás, as surras debaixo do chuveiro, às vezes com colher de pau (que, aliás, ardiam "pra burro"!).

Ah! Quanta saudade daqueles tempos, quanta nostalgia... tempos de "pelada" na rua, "pique garrafão" à noite, ensaio e apresentação de quadrilhas nas festas de São João. Se eu ousasse responder mal à professora ou a qualquer adulto, minha mãe não queria sequer ouvir a minha versão; levava uma surra e ficava de castigo. Bem, fato é que, com tudo isso que relatei ao longo dessas linhas, aprendi e internalizei os valores do trabalho, da dignidade, da honestidade, da família e do respeito, sobretudo aos mais velhos.

Agradeço muito aos meus pais, por tudo e mais um pouco. Pena que não estão mais aqui para ler estas linhas. O que me con-

---
3 Trecho de *Hamlet*.

forta é que tive a oportunidade de agradecer-lhes ainda em vida. Minha sorte, aliás, foi tanta, que eu fui o irmão mais novo. É muito bom ter um irmão mais velho para te aconselhar, orientar e defender. Agradeço, mais uma vez, e muito, ao meu irmão Jorge, pelas longas conversas à noite, no quarto que dividimos durante toda a minha vida de solteiro, e o quanto me defendeu, sempre.

Por fim, um importante esclarecimento prévio das linhas que virão a seguir: em algumas das histórias que aqui conto, por vezes, não menciono nomes, deliberadamente. Isso por conta de não ter acessado algumas das pessoas para obtenção da respectiva anuência ou por conta do teor de algumas dessas histórias, onde o importante é o contexto e não o sujeito.

Outro aspecto que gostaria de deixar claro é que não estou me aposentando, mas me retirando das atividades em auditoria. Aposentar-se, por definição, é se recolher aos seus aposentos, coisa que não farei nesse momento. Deixo minhas atividades em auditoria, mas pretendo seguir desempenhando outras atividades e assim o farei.

PRIMEIROS EMPREGOS
O INÍCIO DA VIDA ADULTA

"Dizem que antes de um rio entrar no mar, ele treme de medo. Olha para trás, para toda a jornada que percorreu, para os cumes, as montanhas, para o longo caminho sinuoso que trilhou através de florestas e povoados, e vê à sua frente um oceano tão vasto, que entrar nele nada mais é do que desaparecer para sempre. Mas não há outra maneira. O rio não pode voltar. Ninguém pode voltar. Voltar é impossível na existência. O rio precisa de se arriscar e entrar no oceano. E somente quando ele entra no oceano é que o medo desaparece, porque apenas então o rio saberá que não se trata de desaparecer no oceano, mas de tornar-se oceano."

Osho

Meu primeiro emprego foi de office-boy interno da Light, onde ingressei no já muito distante ano de 1973. Lá havia um programa de aprendiz de ofício, e o meu tio Jayme Pires de Oliveira, pai de meus primos Célio e Zezinho (o notório Zé da bomba[1]), à época contador da Light e casado com minha tia Emyr, irmã de meu pai, me incentivou a participar. Jayme e Emyr, a propósito, são pessoas que tiveram enorme importância em minha formação. Eu, afinal, então com apenas 14 anos de idade, participei desse programa e por lá fiquei

---
1 Alcunha contraída ainda na infância, numa festa junina em que o Zé usou um chapéu de palha com a aba levantada com essa fatídica descrição à frente. Esclareço isso para que não pairem dúvidas sobre a origem do apelido nestes tempos sombrios de atentados. Zé não é um "jihadista", tampouco é um "bombado" fisiculturista...

até o início de 1974. O horário na escola, feliz ou infelizmente, não me permitiu seguir na Light por período mais longo.

Aos 18 anos, ainda fazendo faculdade de Administração, ingressei no Chase Manhattan Bank, que, no Brasil, tinha a razão social de Banco Lar Brasileiro. Isso foi no final da década de 70, mais precisamente em junho de 1978. Eu trabalhava, então, como escriturário da área que cuidava dos seguros de correntistas e devedores por empréstimos do banco. Ali conheci o Luiz Carlos Monteiro — até hoje grande amigo meu, e, coincidentemente, meu vizinho; nos esbarramos, inclusive, no estande de vendas e adquirimos apartamento no mesmo condomínio (!), — e o Paulo Toledo — que havia trabalhado na Price Waterhouse —, que me incentivaram a aplicar para os processos de admissão de empresas de auditoria. À época, eram as "Big 8 de auditoria". Pesquisei sobre as empresas, conversando muito com as pessoas, e percebi que a Arthur Andersen tinha algo especial, uma reputação diferenciada. Decidi, então: é nessa que quero trabalhar.

Primeiros passos em auditoria e o grande amor no caminho

Após um processo seletivo extremamente longo e exaustivo, fui aprovado e comecei minha carreira na Arthur Andersen, no início da década dos anos 1980. Talvez os mais novos não saibam, mas a Arthur Andersen, uma das "Big 5" nos anos 2000 — com as fusões ocorridas no setor as "Big 8" passaram a "Big 5" —, foi a empresa de auditoria que sucumbiu no rumoroso escândalo contábil da Enron, nos Estados Unidos. Acho, também, que poucos sabem, mas a Andersen acabou absolvida no processo ocasionado por todo aquele imbróglio.

Quer dizer, absolvida "post mortem", pois, quando envolvida no escândalo, a empresa foi ferida em sua reputação — o principal ativo de uma empresa de auditoria —, ocasionando a saída de clientes e profissionais e, por fim, culminando com o seu desaparecimento no início dos anos 2000. Bem, mas isso é outra história. Mais à frente, conto para vocês uma passagem específica dessa época tão turbulenta.

Antes, preciso contar o acontecimento mais importante que a empresa, involuntariamente, me proporcionou: certo dia, no ano de 1983, foi contratada pela Arthur Andersen, como estagiária do setor de revisão de relatórios, uma menina de nome Rosangela, à época terminando licenciatura em Letras–Português–Inglês. Lembro-me, com a clareza dos mares caribenhos, do dia em que levei, em mãos, o relatório de auditoria da Vale para revisão no setor da moça.

Aliás, aqui cabe um parêntese: a Vale foi o primeiro cliente em que fui programado, e com ele fiquei por 7 anos, até ser promovido a gerente. Fui de "pica-pau" — forma como são carinhosamente chamados os *trainees* de auditoria, e não é difícil entender as razões da alcunha: vivem batendo cabeça, só deixam furos, e por aí vai… — a top sênior. Em 1983, eu era semisênior do job da Vale.

Mas, voltando à razão de existir dessa história, fato é que, ao deixar o relatório para revisão, conheci aquela menina de nome Rosangela. Paixão à primeira vista! Um mês depois, estávamos namorando, e dois anos depois, em 1985, nos casamos. Intenso como um rio caudaloso e rápido como a luz. Quer dizer, esta carreira também me proporcionou conhecer o amor da minha vida, com quem estou casado até hoje, 35 anos depois; e pretendo permanecer, por toda a eternidade.

Quero a vida sempre assim, com você perto de mim, até o apagar da velha chama (...) ao encontrar você eu conheci o que é felicidade, meu amor[2].

Fruto de nosso casamento nasceu o maior amor de todos: nosso filho Renato. Somente quem é pai sabe o que é o amor que se tem por um filho. Qual seria, afinal, a medida do amor por um filho? Costumo dizer que a melhor demonstração da medida do amor por um filho é a disposição que os pais têm de, literalmente, morrer por esse. Tenha a certeza, Renato, quando estiver lendo estas linhas, de que, caso tivesse de optar pela continuidade minha ou da sua vida, inequívoca e repetidamente escolheria a sua. Espero e peço a Deus, entretanto, que não sejamos obrigados a lidar com situação tão extrema e que desfrutemos por muitos anos de nossa convivência.

Não bastasse tudo isso, Renato ainda proporcionou a entrada em nossas vidas de nossa queridíssima norinha Thamires, sempre solar, animada, cheia de energia e que trouxe muita alegria e preenchimento não só à vida do nosso eterno moleque, como também à minha e de Rosangela. Vibramos e nos divertimos reiteradamente com suas performances interpretando os clássicos musicais contemporâneos "50 reais" ou "Evidências". Já se tornou uma tradição e ponto alto de nossas festas, para desespero da Thamires, que já não aguenta mais. Mas o fato é que continuaremos vibrando como se fosse a primeira vez.

Mas nem tudo nessa vida são flores, sombra e água fresca. Na carreira em auditoria, muitas são as noites viradas, os finais de semana trabalhando na época de pico — que em auditoria se dá nos meses de janeiro a março, exatamente no verão, estação das férias, das praias e das viagens em família. Toda essa carga

---

[2] Trecho de *Corcovado*, do grande Antônio Carlos Jobim, o Tom Jobim.

de trabalho, além das incertezas que invariavelmente nos afligem quando jovens, nos desencorajaram de precipitar decisões quanto a um segundo filho. A permanente dúvida quanto ao momento certo para se ter outro filho vai sendo deixada em estado de suspensão e apenas nos damos conta de que perdemos a hora quando já é tarde demais. A gente se preocupa com diversas coisas menores, como os custos — cada vez maiores — de se criar e educar um filho e acaba derrotado por um medo bobo. Uma bobagem total. Recorrendo, mais uma vez, às palavras de Guimarães Rosa, talvez seja melhor simplesmente aceitar que "viver é um descuido prosseguido"[3]. E ponto.

Isto posto, nunca pedi ao meu filho as desculpas por ele ter sido o único. E sei o quanto ele teria gostado de não ter sido. Deixei, propositalmente, para pedi-las aqui, para que fiquem eternizadas nas páginas deste livro. Sei, por experiência própria, o quanto é bom ter um irmão, mesmo que as nossas vidas e gostos sejam mais ou menos diferentes. Meu irmão, por exemplo, é do boteco, da cerveja, do pagode e do samba. Eu sou mais chegado a viajar, à gastronomia, ao vinho… mas a gente se completa. Sempre me divirto muito quando almoço com ele, com seus amigos em volta, no boteco que ele frequenta — e no qual, é claro, sentamo-nos à mesa da diretoria. Aliás, fica o registro: que comida boa — para o paladar e para o bolso – é servida no restaurante Bom Demais, lá da Ribeira, na Ilha do Governador!

E não são apenas os bons momentos que importam na fraterna relação de dois irmãos. Sempre me lembrarei de que, durante os dois longos e penosos anos em que nossa mãe entrava e saia regularmente do hospital, meu irmão, que sempre morou com ela, foi incansável, imbatível. Ele deu enorme atenção individual a

---
3 Trecho de *Grande Sertão: Veredas*, de João Guimarães Rosa.

ela, cuidou dos remédios e das necessidades do dia a dia, enquanto eu acabei lidando mais com a parte administrativa junto aos hospitais, às cuidadoras etc. A disponibilidade dele para ajudar e a verdadeira devoção com que tratou nossa mãe em seus últimos dias são atos extremamente valorosos.

Sobre a nossa relação, também há aspectos em comum: dentre outras coisas, partilhamos da paixão pelo Bonsucesso, clube das nossas origens, do nosso bairro. Nascemos, afinal, no Hospital de Bonsucesso e fomos criados na Avenida Teixeira de Castro, onde está a sede do clube. E, claro, partilhamos também a profunda, visceral, paixão pelo Vasco da Gama, herança das nossas origens portuguesas. "É uma casa portuguesa, com certeza", diria Amália Rodrigues.

Agora, vejam vocês, não bastasse tudo isso, toda essa relação de cumplicidade entre irmãos cultivada por décadas e décadas, há algo ainda mais importante. Meu irmão também me deixa um legado valiosíssimo: seu filho, meu sobrinho Jorge Vinicius, segue os mesmos caminhos que trilhei em auditoria e hoje é gerente em uma das grandes empresas do setor, a PwC, e tenho recebido excelentes referências do trabalho dele, o que me traz muito orgulho. Desejo que ele tenha a mesma realização que tive na carreira. E fico muito feliz com a continuidade dos Moreiras na profissão.

AS TRÊS AVENIDAS

"Você não sabe o quanto eu caminhei
Pra chegar até aqui"
Trecho de *A Estrada,* do grupo Cidade Negra

A essa altura vocês já devem estar se perguntando: mas por que, afinal, o livro se chama *As Três Avenidas*? Pois chegou o momento de explicar a vocês. Ao longo do tempo em que me debrucei sobre a questão da produção deste livro, sempre me inquietou o problema do título. Jamais me propus a escrever um livro que soasse como autoajuda ou como algo impositivo de alguma maneira, do tipo *12 Leis para o Sucesso* ou qualquer outra bobagem pretensiosa dessa espécie. Como bom carioca, detesto ficar impondo regras por aí. Meu desejo, como já dito, era de trazer um relato sincero e pessoal das minhas experiências profissionais, bem como um pouco sobre a minha formação pessoal e os afetos, afinal, como nos ensina a música: "É só o amor que conhece o que é verdade"[1], eles me trouxeram até aqui.

---

1 Trecho de *Monte Castelo*, do grupo Legião Urbana, do eterno Renato Russo.

Quando já me exasperava com o "deserto de ideias" para o título, eis que me ocorreu, de repente, que minha história profissional — e também, em larga medida, pessoal — atravessa três famosas avenidas do Rio de Janeiro: a Avenida Brasil, a Avenida Maracanã e a Avenida Niemeyer, cada qual marcando um momento específico da minha vida. Foi o meu momento "eureca!", em que surgiu a ideia perfeita e adequada à ocasião, como se ela sempre estivesse ali, em estado de latência, esperando para ser revelada. Daí em diante não tive mais dúvidas sobre como nomear o livro.

A primeira avenida

Avenida Brasil tendo o ao fundo o Hospital de Bonsucesso. Foram muitos os anos trafegando por essa sofrida via que liga longínquos subúrbios ao centro do Rio.

Quando solteiro, morei em um único endereço: na Avenida Teixeira de Castro, em Bonsucesso. De lá, eu caminhava até a Avenida Brasil — eternizada e romantizada por folhetim global de altíssima audiência — para pegar o ônibus que me levava ao centro — ou para a cidade, como costumam chamar o centro do Rio em terras suburbanas. A Brasil é quase que onipresente na vida do suburbano carioca. Há algo de estranho se você vive no subúrbio e não passa diariamente por algum trecho dela. Foram muitos anos — vividos, sobretudo, nos caóticos, porém esperançosos, anos 1980 — nessa rotina, desde os tempos de aprendiz na Light até os primeiros anos de Arthur Andersen, de "pica-pau" a sênior.

A Avenida Brasil, como quem é do Rio está careca de saber, é o retrato perfeito das contradições e mazelas da cidade. No purgatório da beleza e do caos que é a cidade, ela reserva muito do seu espaço para o caos. O asfalto sempre desgastado, o trânsito terrível, os ônibus enguiçados, os alagamentos por toda parte (sempre que chove um pouquinho mais), os acidentes, a miséria e a violência de muitos bairros e favelas que a margeiam... a Brasil é um espaço de potência e de desalento. Por ela passam, todos os dias, jovens cheios de energia, em busca de seus sonhos e ambições; homens e mulheres de meia-idade, fatigados ou desiludidos com a aridez da vida, em busca da sobrevivência, do pão e do futuro de seus filhos; e idosos que apenas aguardam que se fechem as cortinas e se encerre o espetáculo.

Um dia eu fui esse jovem. A vida, que, desde sempre, me foi muito generosa, permitiu que, ao final, não estivesse eu na categoria dos que, aos poucos, tiveram de deixar seus sonhos desbotarem, seja pelos seus próprios erros ou pelas circunstâncias, ou pelos dois. Sou muito grato e, como a passagem do tempo tudo cura, lembro-me com carinho até mesmo dos engarrafamentos em Manguinhos, a bordo de um ônibus desconfortável, ou, posteriormente, já como auditor sênior, do meu velho Chevette azul-marinho, rebaixado e que tinha uma relação de proximidade muito bonita e íntima com os calos do asfalto da avenida. Olhando em perspectiva, até o precário e ruim parece bom. Tempos românticos...

A segunda avenida

Avenida Maracanã tendo a estátua do capitão da Copa de 1958 Belini. Belini que teve como reserva zagueiro que veio a ser o capitão da Copa de 1962, Mauro, que deu origem ao meu nome.

    A fase seguinte se inicia junto à construção da minha família. Em 1985, me casei com a Rosangela, já como sênior experiente (e, dois anos depois, gerente). Fomos morar, então, no bairro do Grajaú, à época em apartamento alugado. Grajaú era, e alguns ainda o consideram como sendo, um bairro meio metido à besta, que faz fronteira com o bairro da Tijuca e que se considera o primo rico da zona norte, como se fosse um Leblon da zona norte. Lá moravam militares de média e alta patente na época em que estavam no poder. Talvez isso desse um ar aristocrático, oficialesco, ao bairro. O curioso disso tudo é que, tecnicamente, para a prefeitura e para os Correios, o apartamento ficava em Vila Isabel. Como, contudo, o prédio se chamava Solar do Grajaú e as fronteiras entre os bairros da Grande Tijuca ou "Tijuquistão" costumam ser bastante fluidas, os moradores diziam viver no Grajaú, que era muito mais sofisticado. *Très chic*! ("Muito chique!").

    Alguns anos depois — 1991 —, adquirimos nosso primeiro apartamento, desta vez, de fato, no bairro do Grajaú – mas quase no Andaraí, onde vivemos por mais de 10 anos. Por lá ficamos até alguns anos após minha promoção a sócio, que se dera em 1996.

    Durante todo o período, o trajeto tradicional até o escritório se dava pela Avenida Maracanã, no bairro homônimo à avenida. Essa foi a avenida central da minha vida nos anos 1990. No caminho, sempre estava presente o templo sagrado do futebol e um dos grandes cartões portais do Rio de Janeiro: o sempre em transformação — e sempre vivo — Estádio Jornalista Mário Filho, o "Maraca".

Quase impossível encontrar um carioca que não tenha em sua memória afetiva uma grande lembrança do Maracanã, tamanha sua presença no nosso imaginário e em nossas vidas — principalmente dos amantes do futebol. Lá vi Pelé — algumas vezes — e outros tantos craques desfilando seus talentos pelo gramado. Chorei com as derrotas amargas e vibrei com as doces vitórias do meu Vasco da Gama. Lá, por fim, aprendi que qualquer coisa nesta vida é transitória, menos o seu time de coração.

Aliás, já que falei do "rei", ainda é bastante viva na minha memória a lembrança de um Vasco x Santos desses áureos tempos: fui na folclórica geral e fiquei por um certo tempo atrás do gol defendido pelo Andrada — goleiro do Vasco à época e que, coincidentemente, veio a sofrer o milésimo gol do rei — para poder ver o Pelé mais de perto. E, num lance marcante, ele, após cruzamento vindo da direita, mandou um balaço de cabeça no travessão de Andrada. O som da trave vibrando ressoa na minha mente até hoje…

Também no Maraca, dessa vez na arquibancada, e não na geral, assisti, com meu irmão, a um outro Vasco x Santos marcante, semifinal do Campeonato Brasileiro de 1974. E o meu time de coração venceu: 2 a 1. Exatamente no dia em que eu completava 15 anos de idade, 21 de julho de 1974, vi o Vasco vencer e, de quebra, vi um gol de Pelé, de falta, descontando para o Santos. Foi o único gol que vi, ao vivo, o rei fazer. Jamais esquecerei.

Mas nem só das lembranças românticas do Maracanã se vive: o período da Avenida Maracanã foi também o momento do salto adiante na carreira e, portanto, de muitas privações, compromissos e dedicação 24/7. Isso sem falar dos intermináveis engarrafamentos na Praça da Bandeira — à época jocosamente apelidada Praça da Banheira, devido aos constantes alagamentos. Renato, meu filho, à época ainda muito pequeno, sofria conosco no caminho para a creche, que ficava em Botafogo.

Um dos poucos momentos de descompressão e lazer, nessa fase, se dava quando ocorria a "pelada" do Rio Sport Center, na Barra da Tijuca. Nela, inclusive, tive a felicidade de fazer grandes amigos, que trago ao meu lado até hoje. Era, além disso, uma atividade amplamente democrática e não hierarquizada: jogavam desde empresários e diretores de corporações importantes até gente simples, como motoristas e office-boys, o que era excelente, pois, ali, eram todos iguais e ninguém se importava com sua posição social. Ou seja, "o couro comia solto" e ninguém aliviava com o chefe, como é comum acontecer em peladas da firma. A pelada sempre será um momento de congregação e uma experiência humanizante. Ali todos nos despimos dos papéis sociais que exercemos e relembramos o que realmente é importante na vida. No fim do dia, o que nos aproxima é muito maior do que aquilo que nos distância.

A terceira avenida

Avenida Niemeyer, cartão postal do Rio de Janeiro, na qual trafeguei nos últimos 20 anos de minha carreira, refletindo e apreciando as belezas que sua vista proporciona.

Já sócio havia alguns anos, nos mudamos para a Barra da Tijuca, em 2003. É onde moro até hoje e de onde me deslocava regularmente para o escritório em Botafogo, até um dia desses. Embora sempre houvesse a possibilidade de ir pelo túnel Dois Irmãos, eu invariavelmente optava pela Avenida Niemeyer — isso quando ela não estava interditada por conta dos constantes deslizamentos. Se, afinal, era para encarar aquela uma hora de viagem até o trabalho, que fosse curtindo a bela paisagem da cidade maravilhosa que a Niemeyer oferece, apreciando aquele mar que parece não ter fim, que no horizonte se torna um só com o céu azul do "errejota"[2].

Após anos encarando a selva de pedra que são as Avenidas Brasil e Maracanã, era meu momento de curtir o Rio bossa-nova da Niemeyer, nada mais justo. Aquela vista do mar acalma até a mais irrequieta das almas. Em perspectiva, nenhum contratempo é incômodo o suficiente. Quando nos permitimos parar para olhar o mar — ou o céu —, percebemos que não há problema insolúvel e que nossas preocupações costumam ser bastante frívolas, tamanha imensidão e beleza disponíveis. Nas palavras de Fernando Pessoa, talvez o maior poeta da língua portuguesa, "Deus ao mar o perigo e o abismo deu, mas nele é que espelhou o céu."

Essas três avenidas, portanto, fizeram parte, não só da minha carreira, como também da minha vida e de minhas memórias. Nelas, afinal, podemos sintetizar duas metáforas centrais da vida: a do caminho, da trajetória, e a do tempo. Elas foram o caminho por onde passaram meus sonhos e minhas angústias por tantos anos. E o caminho é muito mais bonito que a simplória linha de chegada. Se o caminho não faz sentido, a chegada tampouco o fará. Se posso deixar outra dica por aqui, seria esta: desfrutem ao máximo do caminho, porque a vida é mais curta do que parece. Aguardar o tempo certo para desfrutar das recompensas é fundamental. Mas não declinemos das pequenas recompensas do caminho.

---

2 "Errejota" – iniciais da unidade federativa do Rio de Janeiro.

No mais, passei boa parte do meu tempo nessas avenidas, em um ou em outro sentido. E o tempo é o tecido da nossa vida. Nessa costura dos tecidos, que é o tempo dos deslocamentos, das transições, aprendemos muito, libertando-nos dos automatismos do dia a dia. No caminho para o trabalho, quase sempre solitário, eu aproveitava para refletir e conversar comigo mesmo. Um pouco de solidão e de tempo livre são ativos cada vez mais escassos na vida. Penso que os aproveitei bem. As três avenidas são testemunhas de minhas conversas solitárias, pensamentos, ideias e angústias, meu ócio ativo, e por isso sempre serão objetos do meu afeto.

Para finalizar, outros endereços do Rio também merecem breves e super-honrosas menções: são eles outras duas avenidas e uma praia. A Avenida Passos, endereço de meu primeiro emprego, aos 14 anos, como office-boy interno e aprendiz de ofício na Light. A Avenida Rio Branco e a Praia de Botafogo, endereços de enormes coincidências e caminhos muito percorridos em minha carreira. Admitido no Chase Manhattan Bank, tive como primeiro endereço a Avenida Rio Branco. Passados dois anos, o Chase se mudou para a Praia de Botafogo.

Ingressando na Arthur Andersen tive como primeiro endereço o prédio do BIG, na esquina da Avenida Rio Branco com a Rua Buenos Aires. Um ano depois, a Arthur Andersen mudou-se para o prédio Linneo de Paula Machado, na esquina da Rio Branco com a Almirante Barroso e, finalmente, anos depois, para a Praia de Botafogo, 300. Ingressando na E&Y, meu primeiro endereço foi no prédio da Generalli, situado na Avenida Rio Branco. No ano seguinte nos mudamos para a Praia de Botafogo 300 e, finalmente, anos depois, para a Praia de Botafogo 370. Ou seja, na vida adulta, nas três empresas nas quais trabalhei, sempre comecei na Avenida Rio Branco e terminei na Praia de Botafogo. Essas avenidas e a praia também fizeram parte e foram testemunhas de todo o desenvolver de minha carreira profissional.

AS LIÇÕES PELO CAMINHO

"Não tenhamos pressa,
mas não percamos tempo."
José Saramago

Muitas foram as experiências pelas quais passei nesses quase 40 anos de carreira bem vividos. Se eu pudesse simplificar o que apreendi como sendo a chave para o sucesso de qualquer profissional, resumiria em três palavras: competência, **ética** e compromisso. Não conheci, afinal, nenhuma pessoa que, ao fim do dia, tenha falhado em viver uma vida boa e bem-sucedida praticando diligentemente esses três pilares. São, sem dúvida alguma, os alicerces de toda construção sólida. E lhes desafio a me apresentar alguém que conheça.

Alguns, evidentemente, podem ter mais sucesso que outros, pois a vida não é, ainda bem, um simples teorema matemático — perto dela, qualquer teorema é bastante simplório, por sinal. Não há, contudo, a menor chance de você reunir essas qualidades e ficar mal posicionado na vida, seja profissional, seja pessoal e afetivamente. Se você se qualificar bem, tecnicamente, para executar suas atribuições essenciais, ter os mais altos padrões éticos em seu proceder e for absolutamente comprometido com os resultados — com o produto final, com as pessoas, com a empresa —, certamente você terá êxito profissional e pessoal.

Adiante, vou relatar passagens da minha carreira e exemplos concretos que ilustram lições específicas. Mas posso dizer, inequivocamente, que todas essas lições e aprendizados seriam derivados desse tripé de princípios básicos. Quanto à competência técnica, em sentido estrito, isso fica bastante óbvio, afinal, uma célebre frase de conhecimento geral já diz: "quem não tem competência não se estabelece". Esse é um item básico demais, uma platitude.

Estudar, capacitar-se, manter-se atualizado... Sem isso, esqueça, não dá para ir a lugar algum, afinal "é tolice escapar das falhas de outras pessoas; apenas tente escapar de suas próprias", como precisamente propôs o imperador romano Marco Aurélio, em adágio permeado de filosofia estoica — por ele diligentemente praticada. E acredite, todos os dias temos alguma falha para corrigir. Instruir-se continuamente, mais que desejável, é um imperativo e uma necessidade moral.

Todo esse contexto deve estar debaixo de um grande guarda-chuva chamado "inteligência emocional". Daniel Goleman, o pai do conceito de inteligência emocional, psicólogo e professor PhD da Universidade Harvard, afirma que 20% dos resultados positivos na vida podem ser atribuídos ao QI (quociente de inteligência) e os 80% restantes decorrem da inteligência emocional. Então, partindo desse princípio, é fundamental que tenhamos um autoconhecimento emocional; que tenhamos automotivação; que saibamos reconhecer emoções nas outras pessoas e que tenhamos habilidades em relacionamento interpessoais. Isso deve ser exercitado, sempre.

Como disse anteriormente, esse não é um livro de autoajuda, apenas um livro sobre valores que vivi e experiências pelas quais passei. Mas vale o conselho, afinal "não estou dando nem vendendo, o meu conselho é pra te ver feliz", já dizia o samba: posso afirmar que vi carreiras serem desperdiçadas por absoluta falta de inteligência emocional. E assim como você pode melhorar sua capacidade técnica ou física por meio do treinamento diligente e da garra, a inteligência emocional é algo que pode ser cultivado por meio da prática diária. Existem diversos livros, aplicativos e vídeos que podem ajudar nesse sentido, fornecendo os meios e instrumentos para o desenvolvimento da inteligência emocional, portanto, pratique.

INTELIGÊNCIA EMOCIONAL

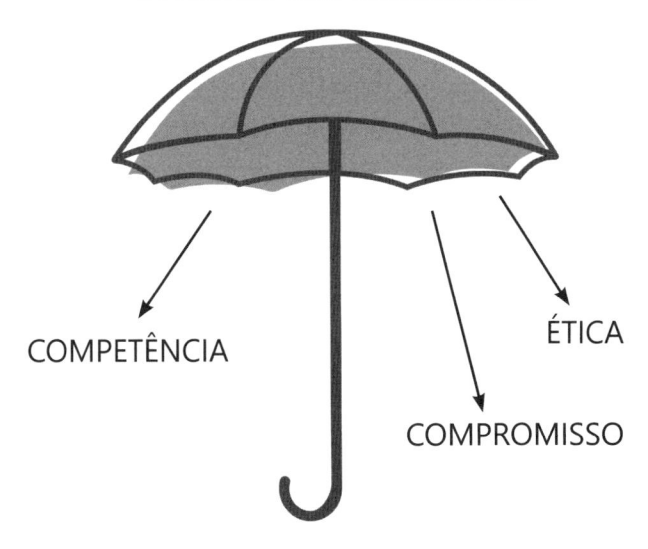

COMPETÊNCIA

ÉTICA

COMPROMISSO

Ética e compromisso

"Fazer mal é prejudicar a si mesmo. Fazer uma injustiça é fazer a si mesmo uma injustiça. Degrada você. Você também pode cometer injustiça sem fazer nada."

Marco Aurélio

Ética seria, resumidamente, o conjunto de valores dos indivíduos na sociedade. Este é o significado sintetizado, universal, e dicionarizado em verbete. O tema é rico e comporta, obviamente, milhares de reflexões mais profundas. Pode-se falar, por exemplo, de códigos de ética específicos e delimitados, como é o caso da **ética médica**. A ética, no fim das contas, diz direito à própria essência da vida, que é o conviver. Desde que se vive em sociedade, se discute ética. Dos filósofos gregos à atualidade. Na estante de filosofia de uma boa livraria, certamente haverá infindáveis volumes tratando do tema, em suas intermináveis nuances.

Como não tenho a pretensão de produzir aqui um tratado de filosofia, limitemo-nos ao básico: meu foco será em ações que demonstrem o sentido dos três pilares que destaquei, no contexto da construção de uma carreira e de uma imagem proba e digna. Começando pela **ética**: eis uma palavra de difícil definição, porém de fácil assimilação! Com certa facilidade, você pode entender uma atitude como ética ou antiética. Ser comprometido com as pessoas e com o trabalho é uma questão de respeito, e respeito é a exigência básica do proceder ético, afinal, não existe ética individual. Só se pode falar em ética na relação com o outro, por definição. São conceitos que se confundem, por estarem entrelaçados. Ser educado, respeitoso, comprometido e verdadeiro é ser ético. Ser grato é ser educado e ético. Falando em gratidão, tenho uma história interessante para contar. Vamos começar por ela, que me marcou profundamente.

Gratidão

"Sejamos gratos às pessoas que nos fazem feliz; elas são os encantadores jardineiros que fazem nossas almas florescerem."
Marcel Proust

Me inscrevi — sim, com aquela próclise bem brasileira iniciando a frase, para a loucura dos chatos da gramática — no processo para *trainee* da Arthur Andersen no final dos anos de 1980. À época, o Mario Gomes, um gerente de auditoria, era o gerente encarregado do recrutamento para auditoria, e o Carlos Azevedo, o sócio. Meu processo foi bastante acelerado, comparativamente à proverbial via-crúcis dos recrutamentos anuais nas firmas de auditoria — que incluem o purgatório dantesco de dinâmica de grupo, entrevistas, psicotécnico e *tutti quanti* (gostaram do italiano?! Estou invocado…).

Nessa época eu era escriturário do Banco Lar Brasileiro (nome local do Chase Manhattan Bank). Lembro-me bem da agonia que era aguardar os resultados de cada uma das fases do kafkiano processo. E o disparar do coração, palpitante ao receber a ligação da vez, comunicando que estava aprovado para seguir no processo e dando a data da nova etapa. Recordo-me de que, na última entrevista com o Azevedo, ele me pediu para enumerar os defeitos que eu achasse que tinha, e ressaltou: "Só não vale cabeludo. Isso eu já estou vendo!"

Claro que aquilo era para ver a minha reação. Fiquei um pouco desconcertado, mas acho que reagi bem, pois, no fim das contas, felizmente fui admitido. Após 1 mês de treinamento — cursos básicos de contabilidade e elementos de auditoria —, fui alocado no job da, então, Companhia Vale do Rio Doce, hoje, Vale S.A. Aliás, isso foi no fatídico ano em que o prédio da Vale, na Avenida Graça Aranha, nº 26, pegou fogo. Bastante auspicioso... os mais supersticiosos teriam ficado apavorados!

Terminado o trabalho na Vale, fui alocado no job da Embaré, uma indústria de doces cuja fábrica era localizada em Minas, e o escritório central, no Rio. Um dia, o Mario Gomes foi revisar o trabalho da Embaré no escritório da empresa, que ficava na Cinelândia, e levou toda a equipe — eu incluso, claro — para almoçar com ele. No caminho até o restaurante, o Gomes ficou ao meu lado e me perguntou se eu estava gostando do trabalho, por que gostava, do que gostava etc... aquelas perguntas de praxe feitas pelos superiores hierárquicos, como falar sobre o tempo no elevador. Naquela época, a propósito, existia uma reverência maior à hierarquia. Auditor sênior era um preposto de Deus; gerente era Deus; e sócio, uma entidade acima de Deus.

Ainda que fosse só uma conversa protocolar, poxa, eu, "pica-pau", estava ali com o gerente do trabalho caminhando ao meu lado e demonstrando preocupação com a minha satisfação. Fiquei muito bem impressionado com aquilo — e decidido a fazer da mesma maneira conforme assumisse posições de maior prestígio e responsabilidade. Essa sim deve ser a postura de um líder!

No final dessa caminhada, já chegando ao restaurante em que almoçaríamos, ele olhou para mim e disse, brincando — *pero no mucho*, pois era verdade, como apurei depois —: "Moreira, se um dia você for sócio desta firma, me agradeça, pois você se inscreveu fora do prazo, eu recebi sua ficha e decidi incluí-lo no processo, o qual tive de acelerar dramaticamente, pois já estávamos na reta final para definirmos os nomes daqueles que seriam contratados".

Aquilo ficou na minha cabeça e nunca me esqueci. Poucos anos depois, o Gomes saiu da firma e optou por outros caminhos, tornando-se CFO da Castrol e da Tim Nordeste, até que, por fim, foi trabalhar para uma firma na França, com escritório em Paris. No fim das contas, nunca mantive estreito contato com o Gomes, mas conhecia diversas pessoas que tinham contato com ele. Desse modo, assim que recebi a comunicação da minha promoção a sócio, fiz questão de ligar para ele. Gomes não se lembrava de ter me dito isso, mas se recordava de ter acelerado um processo de recrutamento — que também não mais se recordava qual. Fato é que, importantes ou não para ele, guardei comigo as palavras daquela caminhada e, 15 anos depois, tive a oportunidade de agradecê-lo.

Talvez, se ele não tivesse acelerado o processo, minha história poderia ter sido inteiramente diferente. Seja, portanto, grato às pessoas. Na vida, todos nós, ao menos em algum momento, precisamos de apoio ou que simplesmente acreditem na gente. Demonstre gratidão às pessoas que te dão suporte, por menor que seja, naqueles momentos em que somente os seus esforços e sua dedicação não são suficientes. O Gomes já não se recordava do fato, mas ficou muitíssimo gratificado em receber o agradecimento em minha ligação.

Eu, por minha vez, procuro ajudar as pessoas da forma que posso, seja indicando para algum trabalho, seja informando-as de oportunidades em aberto, aconselhando-as ou mesmo oferecendo palavras de apoio e incentivo. Não espero retribuições materiais de ninguém, mas uma singela mensagem de agradecimento é sempre gratificante.

Tenho um amigo — o marcante, para dizer o mínimo, Marcos Ruffier, que diz ter aprendido isso comigo. Ele sempre termina seus e-mails com um grande "Muito Grato", quando responde a alguém que lhe oferece oportunidades ou que lhe faz um favor. Em mim, ficou a certeza de que ser grato foi essencial no meu crescimento e reconhecimento pessoal e profissional. O "Ruffa", a propósito, foi admitido na Arthur Andersen nos anos 1990, época em que eu era gerente de auditoria e ainda encarregado pelo recrutamento de talentos, e hoje é um empresário de sucesso no ramo de consultoria e *outsourcing*.

Antes de encerrar, um parêntese que vale a pena citar: certo dia, Ruffier, um notório conhecedor, entusiasta e praticante das lições da astrologia, recém-admitido na Arthur Andersen, coincidentemente encontrou-me no clube Vila da Feira, na Tijuca, durante uma apresentação de *O Cravo e a Rosa*, com a participação do meu filho. À época, Renato tinha 2 anos de idade e desempenhou o papel de Cravo na tal apresentação.

Ao ser apresentado à minha esposa Rosangela, questionou-a, de pronto — como, aliás, faz com qualquer pessoa a que seja apresentado —: "Qual é o seu signo?" ao passo que Rosangela respondeu, ingenuamente: "Gêmeos". Ruffier, então, profundamente pesaroso, se vira para mim e diz: "É seu inferno astral." Pois é. Acho que com essa historieta fica explicado o adjetivo "marcante" usado para qualificar o "Ruffa" anteriormente, não é mesmo?! Até hoje, após 35 anos de casados, ele, mesmo que já meio sem graça, ainda insiste que Rosangela, geminiana, é o meu inferno! Doce inferno…

Família em primeiro lugar

"Todas as famílias felizes são iguais. As infelizes são cada uma à sua maneira."
Trecho de *Anna Karenina*, romance de Liev Tolstói

Já que estamos falando em compromisso e falei em minha amada Rô, vai aqui mais uma pequena história, desta vez para preterir, de certa forma, o compromisso com os assuntos de trabalho. Por vezes, há compromissos pessoais e familiares que devem se sobrepor a qualquer assunto prático, como demonstrarei adiante. Foi uma lição importante que recebi, fruto de um dos meus maiores arrependimentos.

Agosto de 1988, São Paulo: nesses dias, eu, um gerente novo, fazia um curso de aperfeiçoamento profissional ministrado pelo, naquela época, presidente da Andersen, Celso Giacometti. Em certo momento, ele me perguntou quais sacrifícios eu já havia feito pela firma. Contei, então, que, por conta de um trabalho para a Vale, em regime de intensas horas extras, acabei não comparecendo à cerimônia de formatura da Rosangela. Neste ponto, ele me repreendeu, dizendo: "Moreira, na carreira existem obrigações, mas você tem deveres com a sua família. E você falhou com ela". Simples, seco e direto.

Terminada a conversa e o curso, fui direto para o aeroporto com aquilo na cabeça. No mesmo dia, uma sexta-feira, 12 de agosto, Rosangela entrou em trabalho de parto e Renato nasceu, já na madrugada de 13 de agosto. Por muito pouco não perdi o nascimento do meu primeiro e único filho. A lição do Celso estava, portanto, mais do que correta. Eu precisava urgentemente equilibrar minhas obrigações com os deveres para com a família. E essa foi a lição que ficou do meu maior arrependimento: temos que saber os deveres que temos, e jamais negligenciá-los. Jamais faltar a eventos de Dia dos Pais na escola, de apresentações dos filhos, de formatura de filhos e esposa e por aí vai...

De resto, amigos, à parte os irremediáveis compromissos com a família e com quem realmente importa, sejam profundamente engajados e comprometidos. *Go hard or go home* ("Vá com vontade ou vá pra casa"). Na carreira de auditor, não há espaço para vida mansa e essa é uma frase que se encaixa perfeitamente no nosso dia a dia. Uso sempre metáforas e alegorias, nas reuniões de fim de exercício, para ajudar no engajamento das pessoas. Penso que sempre funcionam muito a contento, sobretudo as desportivas. Aliás, isso me lembra de uma anedota que me divertiu bastante e que compartilho a seguir com você.

Pois bem. Certa vez, estava eu fazendo esteira numa academia próximo à casa dos meus cunhados Rosires e Pedrinho e meus sobrinhos Fernanda e Pedro Henrique, em Boca Raton, Florida — EUA, quando vi uma moça, digamos, um pouco acima do peso, ostentando uma camiseta em que se lia em letras garrafais: *"no excuses, just results"* ("sem desculpa, apenas resultados"). Eu consegui entender muito bem o recado dela: "Eu estou aqui, meio gordinha, mas não vou dar desculpas, daqui a pouco eu apresento os resultados". É por aí o *éthos*, ou, em outras palavras, o caráter moral e os hábitos da carreira em auditoria. Sempre trabalhar focado em resultados e na excelência dos serviços prestados. E caminhar, sempre, para a vitória, pois quem ganha comemora, quem perde, dá desculpas. Portanto, *no excuses, just results*. Afinal, *first never follows* ("o primeiro nunca segue").

Acredite, o mundo dá voltas e a história não termina

"Gira il mondo gira
Nello spazio senza fine
Con gli amori appena nati
Con gli amori giàfiniti
Con la gioia i con dolori."
("Gira o mundo, gira
No espaço sem fim
Com amores recém-começados
Com amores já terminados
Com alegria e dor").
Trecho de *Il Mondo,* de Jimmy Fontana

Já que contei a história do Mario Gomes, vejam agora que enorme coincidência — ou seria o tal do destino?! Prefiro crer na segunda possibilidade. Pois bem, esse fato ocorreu em 1998. Eu, então, era sócio há 2 anos, bem como era o responsável pelo recrutamento da área de auditoria da Andersen. Desde o ano de 1990, fui responsável pelo recrutamento dessa área de atuação da empresa. Primeiro como gerente e depois como sócio. Pois bem: certo dia vem à minha sala o Fernando Marotta, sócio-líder de auditoria no escritório do Rio, e diz ter recebido uma ligação do Gomes, cujo filho estaria participando do processo de recrutamento daquele ano. Pediu, então, que eu desse uma olhada no processo do garoto.

O processo, como dito lá atrás, era bastante longo. Havia fases de testes psicotécnicos, dinâmica de grupo, prova de inglês, entrevistas com gerentes e, por fim, entrevistas com um sócio. As fases de testes eram todas eliminatórias. Ao final das entrevistas, o avaliado recebia "bola branca – contratar"; "bola preta – não contratar"; ou o que a gente chamava de "bola cinza – dúvida", justamente para aqueles casos em que o entrevistador não conseguia chegar a uma conclusão segura ou ficou preocupado com algum aspecto insuficiente, por si só, para descartar o candidato.

Pois então: fui olhar o processo do filho do Gomes, que se chamava Rodrigo, e vi que o gerente havia atribuído "bola cinza" para ele. Nas observações constava que o rapaz era um pouco senhor de si demais, um pouco pedante e coisas do gênero, ou seja, o avaliador preocupava-se, sobretudo, com a adaptação do rapaz em termos interpessoais, de relacionamento, e com possíveis dificuldades em receber ordens, respeitar a hierarquia e coisa e tal. Pois eu, conhecendo a linhagem do jovem, decidi que deveríamos seguir em frente com o processo.

Pedi, então, que o pessoal de Recursos Humanos o encaminhasse para entrevista com um sócio recém-transferido de São Paulo que, portanto, não tinha nenhuma ligação pessoal ou conhecimento sobre a filiação do Rodrigo. Fiz isso porque todos os demais sócios conheciam bastante o Gomes e, portanto, somente ele poderia exercer um julgamento plenamente isento, acima de qualquer suspeita, ao avaliar o candidato.

Não muito tempo depois, num desses *bright sunshine days* ("dias brilhantes de sol"), que nos consolidam a certeza de que não há, no mundo, lugar melhor para se viver do que no Rio de Janeiro, chego bem cedo ao escritório, cheio de energia para mais um dia de trabalho. Antes mesmo de iniciar qualquer atividade efetiva, minha, então, assistente Fatima me informa sobre um pequeno problema: determinado sócio, que tinha duas entrevistas agendadas naquele dia, teve um imprevisto e não poderia fazê-las.

Isto posto, perguntou-me se seria possível que eu fizesse as entrevistas em seu lugar. Eu, então, remanejei os compromissos da parte da manhã e acomodei a agenda, assim acedi ao pedido e solicitei aos responsáveis que me enviassem os dois processos em questão para que eu pudesse estudá-los antes das entrevistas. Pois, quando olho, não é que um desses dois processos é justamente o do Rodrigo?!

Nada é por acaso, pensei. Não é à toa que esse processo veio parar na minha mão após tantas peripécias, tantas idas e vindas. Chegada a hora, chamei o rapaz para a entrevista, a primeira das duas que eu faria. Ao entrar na minha sala, ele olha, com aquele olhar ao mesmo tempo despretensioso e provocador — dotado daquele desdém meio *blasé* do jovem bem formado e dono de si —, a estante atrás de mim, em que se vê uma foto do meu filho com a camisa do Vasco (naquela época dava gosto: campeão brasileiro, da Libertadores, goleadas no maior rival com direito a dancinha jocosa do craque do time... bons tempos, que tenho esperanças de que possam voltar, e em breve), e me pergunta: "Vascaíno também, né?"

Naquele momento, com uma clareza quase "epifânica", mística, matei a charada e entendi a "bola cinza". Eu sabia que o pai dele era daqueles botafoguenses de ir a todos os jogos. Lugar cativo na Kombi que transporta a torcida alvinegra. Louco pelo Botafogo, em suma. Loucura essa cativada por Garrincha, Nilton Santos, Jairzinho, dentre outros. Pensei na hora: "Para esse moleque torcer para outro time, ele deve ter uma personalidade fortíssima." De cara perguntei: "Ué, mas você não é botafoguense?" Ao passo que ele, de pronto, respondeu que o pai havia capturado o irmão mais novo, mas ele não! Encurtando a história, no fim das contas, o rapaz era muito bem preparado, articulado e tinha muita personalidade. Tinha o *physique du rôle* ("aparência adequada") para a função. E ainda era Vascão!

Como já dito, aquele processo não veio parar na minha mão por acaso. Era minha chance de retribuir ao Gomes e, de quebra, corrigir uma injustiça que talvez fosse cometida com a não contratação do Rodrigo. Decidi por sua contratação, afinal. E acertei, como ele logo provou. No primeiro mês em empresa de auditoria, a carga de treinamento é total. Ministra-se palestra na parte da manhã e a parte da tarde fica para os exercícios práticos, mas o Rodrigo era tão bom, que terminava os exercícios no meio da tarde e ficava auxiliando o resto da turma até o final do dia. Tempos depois, em conversa com o Mario Gomes, ele me perguntou como estava indo o rapaz. Eu lhe respondi, rindo: "Para você ter uma ideia, o Rodrigo é um Mario Gomes melhorado."

Enfim, aqui ficou a lição de que o mundo dá voltas e a história nunca termina. Faça o bem, seja grato, que um dia a vida lhe proporcionará o retorno. Como dizia Mark Twain: "A história não se repete, mas ela rima". Seja correto, grato e paciente, que as coisas acontecerão. E serão positivas.

A verdade, sempre

"Só se pode alcançar um grande êxito quando nos mantemos fiéis a nós mesmos".
Friedrich Nietzsche

Sigamos: inicialmente, ressalto que a passagem que conto a seguir se encaixaria perfeitamente no tema "O mundo dá voltas". Prefiro destacar, porém, o aspecto que nela entendo ser merecedor de maior destaque, que é dizer a verdade, sempre. Pois o que aperta, segura; e o que arde, cura — provérbio sempre mencionado por Dona Celeste, minha mãe. Assim é a verdade: muitas vezes dura, mordaz, desconfortável, implacável. E igualmente necessária. Ela cura.

Lembram-se daquele processo seletivo da Arthur Andersen do ano de 1998, do qual participou o Rodrigo, que descrevi há pouco? Pois então: também participou um rapaz que, por obra do acaso, ficou para eu entrevistar. Por hábito e necessidade, antes de toda e qualquer entrevista, analiso currículo e resultados dos testes a que tenha se submetido o candidato até então, e faço no intuito de verificar algum aspecto que seja interessante, ou mesmo importante, de se abordar durante a entrevista. Neste caso específico, tratava-se de um candidato cujo currículo indicava um concorrente nosso — no caso, a Deloitte — como seu último emprego. Aquilo, evidentemente, chamava a atenção e seria um tema certamente a ser explorado na entrevista.

Pois bem: iniciada a entrevista, papo vem, papo vai, peço, afinal, que ele me explique o porquê de ter ficado tão pouco tempo na Deloitte — menos de 1 ano. O rapaz, então, naquele instante vacilante que parece durar uma eternidade, olha para a janela, para o teto, ajeita-se desconfortavelmente na cadeira… e, após essa efêmera eternidade, para ele, ainda pensa por mais um instante e, enfim, me diz: "Olha, depois que eu saí da Deloitte, fiz minha inscrição nas 4 demais empresas de auditoria das "Big 5". Em todas, fui até a entrevista com o sócio e essa pergunta sempre chegava. Tenho certeza de que fui preterido em todos esses processos por ter sido demitido da Deloitte. Ainda assim, não vou mentir".

E contou-me, então, o que, de fato, havia acontecido: à época, ele fazia parte da equipe de atendimento a um determinado cliente, mais precisamente, uma instituição financeira. Um belo dia, ao final do expediente, trabalhando em regime de horas extras, ele e mais alguns profissionais usaram o e-mail do cliente para assuntos pessoais. Um desses profissionais enviou um e-mail com algumas gracinhas para o ex-piloto de Fórmula 1, Rubinho Barrichello. Eles não esperavam, porém, que a área de TI da empresa fosse identificar os e-mails enviados e levar o assunto ao sócio da Deloitte, líder do trabalho àquele cliente. "Não contavam com minha astúcia", diria o setor de TI, fosse este um fã do Chapolin.

Questionado sobre o serviço feito pelo pessoal da auditoria nas horas trabalhadas e cobradas ao cliente, o sócio, então, tomou a atitude mais radical possível: demitiu os profissionais envolvidos, sem maiores delongas, com o rapaz entre eles.

A Arthur Andersen era, então, a última oportunidade de ele ingressar numa grande empresa internacional de auditoria. Daí eu parei e pensei: "Se esse rapaz tomou a duríssima lição que tomou, sendo sumariamente desligado de uma grande empresa; se vem sendo reprovado ou ao menos preterido nas fases finais dos processos das demais empresas; se a Arthur Andersen é a bala de prata dele e, mesmo assim, ele opta por falar a verdade — a despeito dos riscos e consequências, sem tergiversar ou apelar para mentirinhas pueris —, imagina o quanto ele não dará de si para agarrar esta oportunidade e progredir na carreira!"

Considerada também, por outro lado, a iniciativa de participar de todos os processos possíveis, ficava claro que ele realmente queria fazer carreira em auditoria. Com esse combo de respeito — a lição duramente aprendida, a vontade de fazer carreira e o compromisso com a verdade —, decidi que ele seria um dos contratados daquela turma: a turma de 1998.

E esta é a moral da história: a verdade cura. Mas, voltando ao início: essa história poderia facilmente ser encaixada no tema "O mundo dá voltas". E por quê? Porque 3 anos depois, em 2001, houve o rumoroso escândalo da Enron nos EUA, que culminou com a extinção da Andersen em 2002, como efeito colateral. As empresas Andersen de cada país, a partir daí, decidiram qual caminho tomar, caso a caso.

No Brasil, os sócios da Andersen acabaram partindo para uma fusão, vejam só, justamente com a Deloitte, aquela mesma empresa que outrora havia dispensado o rapaz. Àquela altura, ele, que, por sinal, se chama Marco Aurélio, como o imperador-filósofo romano, já havia recebido algumas promoções e retornou à empresa de origem cheio de moral, sendo, inclusive, promovido a sócio alguns anos depois. Mesmo a distância, acompanhei a carreira do Marco Aurélio e me trouxe imensa satisfação o acerto da minha decisão de contratá-lo em seu pior momento, quando parecia já não haver esperanças para ele naquela saga para entrar em uma das, então, "Big 5".

Marco teve integridade e um compromisso firme com a verdade. E isso valeu a minha simpatia naquele momento. E não me arrependo: sempre estabeleci um compromisso com a verdade e dele nunca me afastei. E nisso se inclui o compromisso com pessoas verdadeiras. Não tenho dúvidas de que valeu a pena.

Coragem

"[...] Queria que você a conhecesse um pouco, soubesse o que é a verdadeira coragem, em vez de pensar que coragem é um homem com uma arma na mão. Coragem é fazer uma coisa mesmo estando derrotado antes de começar e mesmo assim ir até o fim, apesar de tudo. Você raramente vencerá, mas às vezes conseguirá."
Trecho de *O Sol é Para Todos,* de Harper Lee

A vida, a duras penas, me ensinou que a gente consegue direcioná-la em cerca de 80% do tempo. Os demais 20% ficam por conta do acaso. Diriam os Titãs: "O acaso vai me proteger enquanto eu andar distraído". Senão, vejamos: você, por exemplo, não escolhe os exatos local e hora em que conhecerá a pessoa com quem se casará. Simplesmente acontece, e quase na totalidade das vezes, num imenso acaso. Outro exemplo é o sexo dos filhos: há simpatias e, hoje, até mesmo métodos científicos capazes de prever e/ou determinar o sexo dos filhos, contudo, também na quase totalidade dos casos, é o acaso que determina o que acontecerá. Fato é, porém, que a melhor forma de prever o futuro é construindo-o, no que nos couber. Resignação em excesso é menos virtuoso que vício.

Interessei-me, desde cedo, pela carreira em auditoria e procurei me informar sobre a profissão, as empresas da área, o que se espera de um aspirante à carreira etc. Uma vez na Andersen, procurei me capacitar, contínua e intensamente, para assumir maiores responsabilidades, de modo a conquistar sucessivas promoções, até atingir a posição de sócio. À época que ingressei na carreira, como já dito, a Andersen era uma das "Big 8" de auditoria — "Big 5" após as diversas fusões ocorridas no mercado de auditoria até meados dos anos 1990.

Havia, naqueles anos, especulações em torno de uma possível nova fusão envolvendo a Andersen, que, naquele momento, era a única das grandes empresas de auditoria que não havia feito fusão alguma; muito pelo contrário: houve, em realidade, um processo de desmembramento, em que a Andersen Consulting se desvinculou totalmente da Andersen, assumindo a nova identidade Accenture. Com essa demonstração de força e independência, ninguém imaginava, portanto, que pudesse acontecer o que afinal aconteceu com a empresa. A derrocada foi tão rápida quanto surpreendente. Ficamos todos, é claro, atônitos com os fulminantes desdobramentos do caso Enron.

Bem, mas fato é que a tragédia aconteceu, e a via-crúcis foi tão rápida que mal houve tempo para processar as informações. No fim das contas, cada escritório de cada país decidiu o rumo a tomar dali em diante. No Brasil, como adiantei, os sócios tomaram a decisão de seguir com a Deloitte. Eu, então com 42 anos — no auge da carreira, portanto, pois já acumulava a experiência de 6 anos como sócio —, e faltando muito tempo até a retirada, recebi algumas propostas.

Foi um tempo árduo, que de mim requereu muita coragem, para analisar a situação e tomar a decisão que parecesse mais adequada. Por um lado, eu tinha a esmagadora maioria de meus sócios à época seguindo para um mesmo local, o que me traria, com certeza, maior conforto e segurança. Toda a minha equipe estava indo para um mesmo local. Por outro lado, eu tinha a possibilidade de novas realizações e novas perspectivas profissionais, numa realidade completamente nova e cheia de desafios.

Uma das ofertas que recebi foi da Ernst & Young, àquela altura quinta em tamanho entre as "Big 5". Não foram poucas as noites mal dormidas. Após muita reflexão, decidi, enfim, que na EY eu teria novos desafios, que me motivariam mais, e, confiando no meu taco, resolvi aceitar a proposta e ir para lá (quero dizer, para cá, olhando da minha posição atual). Decisão acertadíssima, vendo em retrospectiva. Hoje, sinto imenso orgulho dos tijolos que ajudei a colocar na construção desta que é, atualmente, a maior e mais multidisciplinar empresa do segmento no Brasil.

Para se ter uma ideia, quando ingressei na firma no Rio, havia apenas 3 sócios. Hoje, somos 35 sócios e 13 *associated partners* ("associados") no Rio, ou melhor, não seremos mais, devido à minha aposentadoria. Deixarei a sociedade com a plena certeza de me retirar de uma firma bem melhor estruturada do que aquela que havia quando entrei, e de que os sócios atuais são plenamente (e bem mais) capacitados, motivados e comprometidos com o crescimento da firma. Também me orgulha ter ajudado a fazer dela um lugar cada vez melhor para se trabalhar e que atrai os melhores talentos, esteios de nosso crescimento e reputação profissional.

Mas, voltando ao tema, a proposta recebida da EY está dentro daqueles 20% da conta do imponderável, de coisas que a gente não espera, não calcula, não planeja, e que simplesmente acontecem. Em diversas oportunidades, porém, é preciso ter coragem para tomar a decisão certa, que, muitas das vezes, é aquela que te tira da zona de conforto. É como a verdade: às vezes precisa arder. O imponderável só premia aquele que se dispõe a arriscar. Valeu, e muito, correr o risco da decisão menos cômoda. Valeu enfrentar a atmosfera inicial de dificuldades, valeu enfrentar a desconfiança dos antigos sócios e, ao fim, vencer. *Veni, vidi, vici*[1].

Acrescento aqui mais uma historinha, que escutei certa vez e que sempre me serve de exemplo e conforto. Sempre acreditei que o que acontece comigo é presente de Deus e que vem para o meu bem. Essa é a parte da resignação como virtude, de saber aceitar as coisas que acontecem sem a influência da nossa vontade. É a "historinha do camponês".

O simplório e sábio camponês morava com o filho adolescente em sua pequena propriedade. Vivia do que plantava, com a ajuda de uma égua novinha. Até que, num fatídico e potencialmente devastador dia, a égua, seu principal insumo para produção, foge de casa. "Que tragédia!", diríamos. E foi exatamente isso que pensou o vizinho do nosso camponês.

---

1 "Vim, vi, venci". Frase atribuída ao general e cônsul romano Júlio Cesar, que a teria dito, em 47 a. C., numa mensagem ao senado romano, descrevendo sua recente vitória sobre Fárnaces II do Ponto na Batalha de Zela.

Ele vai se aproximando da cerca que separa as propriedades e diz para o sábio e estoico camponês: "Rapaz, mas que azar o seu, hein! Perdeu a sua maior força de trabalho. Agora você terá que fazer tudo manualmente". O camponês, então, sereno e imperturbável, diz, laconicamente: "É, mas pode ser bom, como pode ser ruim". O vizinho não entende "p**** nenhuma" e pensa: "Que cara doido, perde a égua e acha que isso pode ser bom".

Pois bem, tempos depois, a égua retorna à casa, e grávida! O tal vizinho, sempre se ocupando mais da vida alheia do que da própria, volta à cerca e diz ao camponês: "Rapaz, você é sortudo demais. Dobrará a sua capacidade de trabalho". O camponês, impassível, diz mais uma vez: "É, mas pode ser bom, como pode ser ruim". Solidifica-se, assim, no vizinho, a certeza de que o camponês só pode estar mesmo doido. Biruta. Zureta! "Como pode ser ruim dobrar a capacidade de produção?", pensa ele.

Tempos depois, o filho do camponês, brincando com o potrinho que havia nascido, cai e quebra perna. De novo, chega o desocupado do vizinho e diz: "Mas que azar, hein?!" O camponês, pacientemente, naquela placidez de sempre, mais uma vez responde: "É, mas pode ser bom, como pode ser ruim". Tempos depois, o país do camponês entra em guerra e o filho dele é dispensado, por conta, vejam só, da perna quebrada! E assim segue a história, sem fim. A sabedoria estoica do simples camponês, no fim das contas, faz com que ele viva melhor e com menos angústia, absorvendo tudo o que a vida lhe proporciona.

A mensagem que fica dessa anedota, portanto, é que, aconteça o que acontecer, a história nunca termina, e as coisas que acontecem na nossa vida têm uma razão de ser e fazem parte de uma cadeia que nos leva adiante. Papai do céu sempre nos dá presentes. Às vezes, eles vêm bem embrulhados em belos papéis de presente. Outras vezes, eles vêm embrulhados em papel de jornal e deixam um sabor de perplexidade e incompreensão. Mas todos os acontecimentos de nossas vidas são presentes, mesmo que assim não pareçam à primeira vista.

Na minha história particular, o escândalo no qual se envolveu a Andersen, que culminou com a sua extinção, se analisado no calor daquele tenebroso momento, sem o benefício do tempo, seria uma imensa tragédia. Na realidade, entretanto, a tempestade prenunciava uma nova era de bonança na EY, na qual fui plenamente feliz. Ao fim e ao cabo, o bom ou o ruim são apenas questões de perspectiva. Dos limões, uma limonada!

Sou muito, aliás, muitíssimo, grato à Andersen, onde me criei e construí uma carreira de sucesso. Além da carreira que pude construir, compilei bons e ótimos amigos. Um dos maiores tesouros do homem é ter amigos, e posso assim chamar, sem nenhum receio, tanto aqueles com os quais mantenho encontros frequentes, como é o caso da Lucia Casasanta, "mineira, sô!", e do carioca mais paulista que conheço, Carlos Eduardo Rocha — este que, tempos depois, também chegou a trabalhar na EY — quanto aqueles que vejo com menos frequência. Com estes, almoço, normalmente a cada 3 meses — não é uma regra —, e em várias oportunidades relembramos passagens daqueles bons tempos de Andersen.

Outra grande amizade construída nos tempos da primeira avenida foi com o Boris Lerner. Boris foi sócio da Andersen e, desde que saiu de lá, constituiu sua empresa de consultoria tributária, em sociedade com o Robson Garcia, outra grande figura amiga, atendendo a diversas e relevantes empresas. Tenho o orgulho desses amigos, de altíssima reputação, terem-me como referência em determinados assuntos. É muito comum eles me ligarem quando estão envolvidos em operações para lá de complexas, perguntando sobre determinados tratamentos e efeitos contábeis, falando sempre em suposições, pois não podem declinar nomes e números, pegando-me de surpresa e querendo respostas. É cada saia justa... e eu adoro. Também "formada" na Andersen, Regina Helena veio, poucos anos depois, me dar suporte na EY, acompanhando-me até o encerramento de minha carreira.

Na EY, onde consolidei e encerrei minha carreira, também fiz muitos amigos, companheiros de viagem e de muitos momentos marcantes, com os quais as amizades se estendem ao plano familiar. Cito, como exemplo, Antonio Vita, baiano sacana (no bom sentido da palavra, de descrever aquele sujeito bom de contar histórias de forma jocosa e que está sempre na iminência de te dar uma "sacaneada"), que é pai biológico de "minha filha" Luana, aliás, agora Doutora Luana.

O cara é tão "sacana" que, para se ter uma ideia, quando vou à casa dele, dotada de uma respeitável adega, lotada de excelentes vinhos italianos, espanhóis e portugueses, meus preferidos nessa mesma ordem, ele serve, com insuportável frequência, os "recomendados" vinhos argentinos e/ou chilenos. É ou não é um "sacana?!" Um adorável "sacana".

Outro grande amigo que fiz é Sergio Romani, melhor pizzaiolo da cidade — *best pizza in town* ("melhor pizza da cidade") —, que, por muitos anos, foi o líder Brasil de auditoria e me deu total apoio na liderança do escritório do Rio. Lembro-me de passagens nas quais, quando indagado sobre algum assunto do Rio, Romani sempre dizia: "O Rio deixa com o Mauro, que ele sabe cuidar muito bem". Agradeço a confiança depositada, os resultados que juntos alcançamos e, sobretudo, a amizade.

Jorge Menegassi, presidente na maior parte do tempo em que estive na firma, é outro que sempre me deu apoio incondicional. Luiz Passetti e Marcos Quintanilha, companheiros de muitas viagens inesquecíveis, Sergio Citeroni, Luiz Nannini, Francesco Bottino — cuja mamãe, todos os finais de ano, com enorme carinho, presenteia-nos com os deliciosos doces do sul da Itália que ela faz especialmente para os festejos natalinos —, Fernando Magalhães — deste sou padrinho do filho João Victor, garoto nota mil —, Julio Sérgio — presidente à época, que me trouxe para a EY —, dentre outros, também fazem parte desse time dos sonhos. Além, claro, dos sócios que fiz no Rio e pelos quais tenho carinho de pai, pois, em alguns casos, presenciei a construção de toda a carreira na firma, de *trainee* a sócio. Sobre eles falarei um pouco mais adiante.

Fazer, portanto, o dever de casa, construindo o que estava ao meu alcance e ter a coragem de decidir perante as situações difíceis que apareceram foi fundamental na minha vida, tanto no aspecto pessoal quanto no profissional. E assim encerro este capítulo. Sigamos adiante!

Reconhecimento

"Enxergar o que está diante do nosso nariz
exige um esforço constante."
George Orwell

A vida do auditor não é fácil. Pelo contrário! No ramo, muitos são os finais de semana em que se trabalha, e muito, principalmente na época do pico. Longas — e, muitas vezes, angustiantes — são as horas trabalhadas após o horário. A pressão é enorme, seja pela qualidade dos trabalhos, inegociável, seja por conta dos prazos apertados, quase sempre também inegociáveis. Fato é, porém, que, após cada trabalho entregue, sentimos uma satisfação enorme, uma sensação prazerosa de recompensa, de dever cumprido. E esse é um sentimento que acomete a todas as categorias, do sócio do trabalho ao *trainee*. E, assim sendo, todos são dignos do reconhecimento devido, pois se trata de um trabalho essencialmente de equipe. É muito importante, portanto, que, ao final de cada trabalho entregue, cada missão cumprida, haja o reconhecimento daqueles que estiveram envolvidos, engajados.

O que não se pode, jamais, é agradecer todo o tempo, dar tapinha nas costas para cada cumprimento de obrigação, porque, assim, o agradecimento perde força e torna-se inócuo. Um gesto sem substância e significado é um gesto em vão. Para o reconhecimento ter o impacto desejado, há que se saber o momento exato de fazê-lo. Todos, sem exceção, gostam de ver que seu esforço e empenho foram vistos, apreciados e reconhecidos.

Hoje existe também uma forma bastante utilizada de reconhecimento — a tal da remuneração variável —, que está diretamente atrelada ao grau de contribuição de cada profissional para o alcance de uma determinada meta. Todos nós buscamos, evidentemente, o reconhecimento financeiro, até porque todos temos contas para pagar e os boletos parecem jamais ter fim. Não é disso, porém, do reconhecimento material, que estou falando, mas do reconhecimento mais profundo, aquele que traz orgulho e satisfação à alma. Daquele que vem da singeleza das palavras de gratidão e dos gestos sinceros e desinteressados de apreciação. Ilustro as linhas citadas com uma história que me marcou bastante e que foi, para mim, sem dúvidas, a mais emblemática sobre o real significado de reconhecimento e agradecimento.

A passagem envolve o Grupo Globo, cliente da EY desde a sua instituição no Brasil, em 1965, e um dos clientes que tive a satisfação e o orgulho de ser o sócio-encarregado. No início dos anos 2000, o Grupo passou por delicado momento financeiro, que demandou intensa reestruturação da dívida, dentre outras ações emergenciais. Nessa época, o Octávio Florisbal — que, para minha honra, assina o prefácio e o posfácio desta obra — assumiu a direção-geral da Rede Globo de Televisão, carro-chefe das operações do Grupo.

Octávio sempre foi homem de agência de publicidade e conseguiu alavancar bastante a receita da Globo. Com ele à frente, o Grupo retomou o seu histórico de lucratividade e equilíbrio financeiro. Aliás, aqui cabe um comentário e uma breve digressão. Nelson Rodrigues dizia que toda unanimidade é burra. O Octávio contraria essa máxima. Não há uma só pessoa que não se encante com ele. Com sua educação, seu conhecimento, sua competência e sua habilidade em atrair a atenção das pessoas, é um sujeito muito carismático e um verdadeiro cavalheiro. E é, sim, uma unanimidade. Inteligente, não burra!

Mas, bem, como tudo na vida, há o momento da renovação. Todo ciclo há de, inexoravelmente, ter um fim. Assim sendo, o Octávio, a partir de 2013, foi gradualmente deixando a direção--geral da Rede Globo, passando a integrar, após a suave e cautelosa transição — *não podia ser diferente com um profissional dessa envergadura* —, o Conselho de Administração do Grupo. No balanço final, contudo, Octávio desenvolveu um trabalho brilhante à frente da Rede Globo.

Aí é que entra a questão: como reconhecer e agradecer o trabalho desempenhado de modo tão brilhante? Dinheiro? Não seria o caso. Muito impessoal, e até mesmo mesquinho para um profissional tão exemplar. Até porque dinheiro já não era problema para ele a essa altura. Viagem? Nem pensar, pareceria prêmio de estagiário do ano. Desse quebra-cabeça sobre como premiar o Octávio foi que se desenrolou a maneira de agradecimento e reconhecimento que mais me surpreendeu na carreira.

Quando chegou o dia derradeiro, da despedida "d'O Cara", o conglomerado não deixou por menos: foi promovido um grandioso evento, à altura do homenageado, para o epílogo de sua carreira no grupo. Fora devidamente reservado, e preparado com toda pompa e circunstância, o salão para recepção de convidados ilustres, localizado nos Estúdios Globo (antigo PROJAC). *Crème de la crème* ("A nata").

Após emocionados e inspirados discursos de agradecimento e reconhecimento, eis que os irmãos Marinho entregam para o Octávio uma pequena e delicada caixa. Dentro dela, para estupefação e assombro gerais dos presentes, está um bem de extremo valor sentimental para os irmãos. Um relógio Piaget banhado a ouro que o próprio Dr. Roberto Marinho, em carne e osso, usava regularmente! Ora, todos sabem que a joia do homem é o relógio. Talvez, inclusive, essa fosse a lembrança e o símbolo físico mais próximo do Dr. Roberto. E os irmãos decidiram dar o relógio de estimação do Dr. Roberto para o Octávio. Esse é o exemplo mais nobre de reconhecimento e agradecimento que conheci em toda a minha carreira.

Como nos meandros da memória, um fio vai nos levando a outro, num infinito entrelaçamento, lá vai mais uma do Florisbal: quando de sua aposentadoria (entre muitas aspas) da Globo, o Octávio decidiu criar o IHF — Instituto Helena Florisbal — em memória de sua esposa — para ajudar entidades ou programas específicos de ajuda a pessoas carentes, e me convidou para ser membro de seu conselho fiscal. Por sua relação com a Globo, cliente de auditoria, e por eu ser sócio da EY, aceitar o convite feriria às regras de independência, de modo que fui obrigado a declinar. Em "contrapartida", ofereci a ele de a EY fazer a auditoria das demonstrações financeiras do IHF *pro bono*.

Ele, de pronto, aceitou, e, quando da constituição da IHF, no hotel Hilton, em São Paulo, com diversos executivos presentes, fez questão de me convidar para assinar o estatuto do IHF. Na sequência, fez um bonito discurso de agradecimento que me tocou bastante. Grande cara, o Octávio.

Atualmente, Octávio participa dos encontros trimestrais organizados pela EY, em que traz a debate temas do interesse de membros de comitês e conselhos de empresas. Octávio, que mora em São Paulo, toma um avião na noite anterior e dorme no Rio, para estar pontualmente nas manhãs dos eventos aqui no Rio — muito embora o mesmo encontro seja também organizado naquela cidade. Por dever, eu sempre falo que ele, querendo, poderia participar do evento em São Paulo, mas que eu teria um ciúme profundo… e ele segue participando dos eventos no Rio. E que assim permaneça!

O que fica disso tudo é que ser grato, saber reconhecer as contribuições das pessoas, é mais do que um cuidado importante; é fundamental.

Reconhecer o erro

"Crer é muito monótono,
a dúvida é apaixonante."
Oscar Wilde

A história que contei fala sobre reconhecimento na forma de agradecimento, de deferência, a terceiros. Existem, porém, diversos tipos de reconhecimento. E falo agora daquele que você tem de ter com si próprio, que é o de reconhecer o próprio erro. É uma capacidade nobre e, infelizmente, rara. Não são poucas as vezes em que deparamos com situações nas quais a pessoa está errada ou errando e não é capaz de reconhecer. São, em verdade, muitas e evidentes. E isso é uma coisa que, por vezes, nos deixa — muito — irritados e até mesmo furiosos.

Difícil mesmo, porém, é o exercício de reconhecer os erros em que nós mesmos incorremos. A autocrítica deve ser um exercício constante, que requer um contínuo estado de alerta e uma imperturbável autoconsciência. Se baixamos a guarda, rapidamente nos tornamos condescendentes com nossos erros e frívolas vaidades pessoais. E a vaidade implacável é o primeiro passo para o abismo. Porque obscurece nosso juízo e, por vezes, nos cega para o essencial das coisas. Como já reproduzido anteriormente, enxergar o óbvio exige esforço constante. Orwell não poderia ter sido mais cirúrgico nessa máxima.

Isto posto, ilustro o conceito com uma historieta profissional, que me serviu de lição quanto à necessidade constante de humildade e autoavaliação, princípios inegociáveis para uma vida, pessoal e profissional de sucesso. A efeméride se deu lá pelos já longínquos anos 1990. À época, começo da década em questão, eu era o gerente de auditoria que atendia a Multiplan, proprietária do Barra Shopping, dentre muitos outros empreendimentos.

A empresa havia, naqueles tempos, feito uma parceria com a Brunswick Bowling para exploração dos boliches que havia nos shoppings de sua propriedade, criando, então, a joint venture MBBowling. Recordo-me de que o diretor-geral da MBB era um americano cabeludo — *pero no mucho*, pois era uma espécie de "careca cabeludo" — e todo tatuado, o que, na época, não era tão comum quanto hoje: os anos 1990, por sinal, marcaram o auge da MTV, que popularizou a cultura da tatuagem, até então algo de nicho. Por fim, nosso amigão *avant-garde* não falava sequer uma palavra em português. Talvez um "obrigado", "caipirinha", "bom-dia" ou "samba", mas disso, com certeza, não passava.

Para completar, o processo de auditoria em empresas com operações em fase inicial, recém-constituídas, é sempre complicado. Os procedimentos e controles ainda não estão bem definidos ou amadurecidos, e isso, invariavelmente, causa alguma improdutividade na execução dos exames, atraso nos relatórios e por aí vai; uma entropia sem fim. Em bom português, em muitas das vezes, é uma "grande m****". Essas muitas pequenas ineficiências geram, além dos atrasos nos prazos previstos inicialmente, horas de trabalho adicionais às planejadas, que acabam trazendo desconforto na hora de discutir a cobrança com os clientes.

Pois bem, em virtude dos atrasos ocorridos, tive, por exemplo, de mexer na equipe de atendimento, substituindo alguns membros relevantes, o que traz certa ineficiência. Lembro-me de que já estávamos próximos da finalização dos trabalhos quando marcamos uma reunião de encerramento, com os níveis de estresse no limite do limite. O cortisol já havia quase ganhado vida própria e saído andando, àquela altura do campeonato.

Na famigerada reunião, discutimos aspectos técnicos, como também os vários atropelos que tivemos na execução do trabalho. Após intensa discussão, o tal gringo reconheceu as deficiências da empresa que impactaram negativamente a produtividade do trabalho, mas seguiu batendo em aspectos relacionados à nossa atuação na auditoria. Quase uma hora de uma reunião tensa e eu rebatendo, contra-argumentando, discutindo... quando, enfim, ele para e fala a frase que eu precisava ouvir, naquele momento, para ter uma lição na minha carreira. Ele disse, em inglês obviamente: "Mauro, eu só queria que você reconhecesse que vocês erraram nisso e naquilo. E que você se compromete a evitar esses erros na próxima auditoria. Eu só queria isso, mas você não está tendo a humildade de reconhecer os vossos erros".

Aquela frase me desarmou por completo. Na hora, eu parei, refleti e falei que ele estava certo. Nós também havíamos cometido erros. Ele queria apenas essa confissão e eu não tive a sensibilidade de perceber e a humildade de reconhecer o óbvio. Não percebia que admitir um erro, em grande parte das vezes, solidifica a relação e aumenta a confiança. Às vezes, o que isoladamente pode parecer um sinal de fraqueza é, na verdade, um trunfo, e, em última análise, uma prova de caráter. Pusilânime, na verdade, é aquele que não tem a hombridade de reconhecer sua natureza falível e corrigir os rumos.

Mais uma! Desta vez, nossa história se dá no início da década — e século — seguintes. Os tão esperados anos 2000, o marco zero do futuro, aquele momento em que, nos prometeram os filmes, andaríamos em carros voadores e seríamos jovens para sempre, realizando o desejo expresso na canção de Bob Dylan. Infelizmente, o tal do futuro não era assim tão brilhante e revolucionário. A essa altura, portanto, no futuro, eu já havia aprendido, a duras penas, a lição de humildade que me impusera o tal executivo tatuado.

Já era eu, então, sócio-líder do escritório do Rio de Janeiro da EY, e tínhamos um cliente de capital japonês, cujo escritório ficava no aprazível bairro de Parada de Lucas, cortado pela Avenida Brasil, longe de Bonsucesso, do centro e, quiçá, da civilização. O trabalho demandado, embora pouco complexo, era para um cliente de longa data, com sólida relação com a firma. O executivo da EY à frente dos trabalhos, contudo, mencionou, numa conversa que travamos, que a relação não estava legal e que o último trabalho não havia corrido a contento… aquela história recorrente nas relações com clientes. Investiguei mais a fundo, conversando com o gerente e o sênior da conta, e concluí que boa parte da culpa pela relação estar estremecida era nossa.

Por coincidência, já era época de discutirmos a renovação do contrato, e, portanto, eu mesmo liguei para o Sr. Takahashi, gerente-geral do cliente, me apresentei e solicitei uma reunião assim que possível. Logo percebi, com essa breve conversa, pelo tom e pela respiração impaciente ao telefone, que o Sr. Takahashi não estava muito feliz conosco.

No dia da reunião, não me recordo exatamente do mês, mas, com certeza, era verão, pois o calor que fazia em Parada de Lucas era literalmente infernal. Costuma-se dizer que o Rio só possui duas estações: verão e inferno. E, tudo bem, por mais bairrista que eu seja, há um pouco de verdade na assertiva, sobretudo se pensarmos nos nossos subúrbios. Bangu e adjacências não me deixam mentir!

Enfim, voltemos à reunião: já ciente dos contratempos na relação com o cliente, logo após os apertos de mão, pedi a palavra e disse: "Sr. Takahashi, fui informado de que o trabalho da auditoria do ano anterior não transcorreu dentro do nível de excelência que nossos padrões de atendimento exigem. Aliás, passou bem longe disso. Informei-me dos fatos acontecidos e concluí que falhamos em diversos aspectos. Queria pedir suas desculpas e garantir que, se nos for concedida a oportunidade de continuarmos a prestar serviços à sua empresa, vocês tornarão a receber um serviço de alta qualidade, esteio de nossa reputação. Peço que o senhor nos conceda uma nova chance".

O Sr. Takahashi, até então de "cara amarrada", desarmou-se, olhou para mim e disse: "Você disse exatamente o que eu queria ouvir. Parabéns pela humildade em reconhecer o erro. O contrato está renovado. Página virada". O "japa", no fim das contas, nem era tão irascível assim, só estava aguardando ouvir as palavras certas para devolver com um: "Vida que segue". E graças a Deus a auditoria do ano seguinte transcorreu às mil maravilhas. Promessa cumprida.

Após tudo isso, não é preciso acrescentar mais nada sobre a importância de reconhecer os próprios erros, de ser humilde e dar um passo atrás, quando necessário. E essa necessidade surge com mais frequência do que imaginamos. Percebê-la é uma virtude mais rara do que deveria. Muitas vezes, a beleza do silêncio é insuperável. Noutras, se morre engasgado com o não dito. Havemos de reconhecer o momento para cada atitude. Reconhecido o momento de dizer algo, resta identificar o que e como dizer. Parece simples, mas não é, e exige honesta reflexão.

Orgulho e identidade

"Aprendi a ser o máximo possível de mim mesmo."
Nelson Rodrigues

Orgulho, com certeza, é o sentimento que deve ser ponderado com moderação e alguma modéstia. O que não significa que devemos sublimá-lo e nos tornarmos niilistas incapazes de ver valor nas coisas e em nós mesmos. "Moderação e canja de galinha não fazem mal a ninguém", conforme o sábio dito popular. Assim sendo, a pergunta que sempre me fiz diante das decisões que precisei tomar, seja na vida pessoal ou na profissional, era se aquilo que eu pensava em fazer seria ou não motivo de orgulho pessoal.

Nunca fiz algo que tenha me causado vergonha ou que não tenha me causado orgulho. Óbvio que cometemos alguns erros, dos quais nos arrependemos, faz parte da vida. Mas, como já cantado pelo grande Frank Sinatra, repito: *"Regrets, I've had a few, but then again, too few to mention…"* ("Arrependimentos, eu tive alguns, mas então, novamente, poucos para mencionar").

Para evitá-los, talvez esta seja uma pergunta para se fazer diante de qualquer situação: "Se eu agir da forma tal, isso me trará orgulho ou vergonha; orgulho ou ignomínia; orgulho ou opróbrio?" Se, e somente se a resposta for: "Sim, isso é algo de que eu me orgulharia", vá em frente. Caso contrário, esqueça.

Orgulho de sua história também é coisa das mais importantes na vida. Tenho o maior orgulho de ser nascido e criado em Bonsucesso, tradicional bairro do subúrbio carioca. Já contei isso aqui. Mas conheci diversos profissionais — não foram poucos! — que renegavam, sem o menor constrangimento, suas origens e sua história. A profissão de auditor, como já citado em algum momento, sempre propiciou boas chances de ascensão social. É uma carreira que exige demais, em que se trabalha muito e sob intensa pressão.

Assim, pela necessidade de uma certa casca, de uma certa resistência, aqueles que estão em busca de seu lugar ao sol acabam tendo mais facilidade para suportar a pressão, até mesmo por conta das pouquíssimas alternativas que têm. Quem, desde cedo, precisa pavimentar um caminho acidentado tende, sem dúvidas, a ter maior resiliência e capacidade de ver as coisas em perspectiva, afetando-se menos com as pedras no meio do caminho — e, às vezes, não são nem pedras, mas montanhas. A impossibilidade de ganhar pequenos prêmios a todo momento incentiva a busca pelo pote de ouro ao final da jornada. O ferrado, via de regra, está mais acostumado a adiar mais para a frente o prêmio pelo esforço, sem pequenos subterfúgios e mimos no caminho.

Aqueles que andam na corda bamba sem a rede de proteção embaixo acabam desenvolvendo, além da resistência, aquela convicção de que só a inviabilidade do desvio no caminho proporciona. Ou vai ou racha. Não que aqueles mais abastados não tenham condições de se doar da maneira que é exigida, mas aqueles que estão galgando os degraus da ascensão já treinaram desde cedo nas condições reais. E a vida real não é um romance água com açúcar das sessões da tarde nem uma sofisticada e suave bossa-nova.

A propósito, lembro-me de uma história que aconteceu quando fui fazer o curso de novos gerentes em Saint Charles, nos arredores de Chicago, onde ficava o centro de treinamento da Arthur Andersen. Aquilo era o máximo. Todos os novos gerentes iam para esse centro receber o tal treinamento, que era, na realidade, uma grande festa com vídeos motivadores, tendo músicas, tais como *Simply the best* ("Simplesmente o melhor"), da Tina Turner, ao fundo. Enfim, você saía de lá maravilhado, energizado e orgulhoso de si.

Havia, na minha turma de promovidos à gerente, um daqueles bem-nascidos, cujo pai fora executivo de grandes empresas. Certo dia, estávamos sentados conversando sobre nossas vidas e coisa e tal, após um dos dias do treinamento, e ele falou, meio que caçoando: "Puxa, Moreira, não sabia que você foi criado em Bonsucesso, um bairro do subúrbio do Rio!" E eu, então, retruquei: "Pois é, e agora estamos aqui, eu nascido e criado em Bonsucesso, e você em berço de ouro, exatamente na mesma posição". Ele não precisava dessa, mas teve de levar a invertida.

Aconteceram, porém, histórias engraçadas também. Lembro-me de, ainda *trainee*, ter ido, no carro da empresa, ao cliente Volvo Penta, que ficava a apenas 300 metros do lugar onde morei por toda a minha infância e juventude, até me casar. No carro estavam, além de mim, o sênior e o sócio do trabalho, o João Downey, que era também o Office Managing Partner na ocasião. Estávamos indo para o cliente, no que seria nosso primeiro dia de trabalho. O motorista era o Seu Jorge, um tipo bem simpático, boa gente toda vida, sorriso farto, diretor de escola de samba de grupos de acesso, daquelas que desfilam na estrada Intendente Magalhães, e, para os mais íntimos, Jorge Negão (politicamente correto passava longe, naquela época), que conhecia bem as minhas origens.

Eu, sendo o membro de menor patente da equipe, ia sentado no banco da frente, ao lado do Seu Jorge, e o sênior e o Downey sentados no banco de trás. No caminho, Avenida Brasil, viaduto de Bonsucesso... uma beleza estonteante. À medida que vamos avançando Bonsucesso adentro, o Downey olha ao redor, com aquela cara que mescla certo maravilhamento com o horror e o espanto, e pergunta: "Onde é que nós estamos? Mas que lugar (feio) é esse?" O sênior ficou calado, e eu, meio que sussurrando e "rindo à beça" por dentro, disse: "Não faço a mínima ideia". Seu Jorge me olhou de lado, com aquele sorriso de canto de boca e, depois, sozinhos, gargalhamos longamente dessa peripécia. Tempos depois contei essa anedota ao Downey, que não se lembrava mais da passagem, mas riu bastante.

Há, ainda, outras passagens divertidas daqueles longínquos anos de *trainee* e assistente de auditoria. Um dos meus primeiros cursos na carreira, assim que ingressei na Arthur Andersen, ocorreu em Serra Negra, no estado de São Paulo — todos os *trainees* admitidos no Brasil eram encaminhados para treinamento específico nessa cidade, o que já era uma tradição. Além do aspecto técnico, o treinamento servia também, e acho que principalmente, para simular, de certa forma, a pressão que o trabalho em auditoria envolve, pois eram passados diversos exercícios que demandavam a presença dos novos contratados até tarde da noite, já prenunciando o que seria rotina dali para a frente.

Na turma do Rio havia um *trainee* que morava no Méier, tradicionalíssimo bairro do subúrbio carioca. Densidade demográfica absurda, quente ao extremo, caótico... enfim, sintetizando, esse é o Méier, outro bom exemplo de purgatório do caos. Só do caos mesmo, não me esqueci de citar a beleza. Certo dia, conversando com um grupo de *trainees* de São Paulo, que, curioso, nos perguntava sobre as mais diversas coisas do Rio, já que lá (ou melhor, aqui, né?!) vivíamos eu e esse tal *trainee*, que, dentre outras fanfarronices típicas de cariocas marrentos que éramos, orgulhosamente dizíamos à "paulistada" que éramos do Méier.

Eles, no ato, fazem aquela cara de interrogação e perplexidade, pois, obviamente, nunca haviam ouvido falar desse bairro. Nas novelas daquela época, afinal, o Rio era um grande Leblon. Agora, depois do sucesso de novelas como *Avenida Brasil* (olha ela aí de novo!) e filmes como *Tropa de Elite*, é que o lado B do Rio ficou mais conhecido. Aproveitando o ensejo, vou lá e digo que o Méier era um pequeno bairro, super-residencial, exclusivo e refinado, que ficava localizado entre Ipanema e Leblon. Praticamente um camarote em forma de bairro, bem VIP, e com os melhores espaços gourmets da cidade — essas coisas todas que fascinam o paulista/paulistano padrão.

Eu e o tal *trainee* rimos um bocado dessa história. Os caras, fascinados, ficaram pensando que nós, tremendos ferrados, éramos de família rica, distinta e aristocrática. Como dizem aqui no Rio, "quem é do Méier não bobeia, não come mocreia (nem sempre verdade) e anda de 45meia". Isso se pode dizer, a rigor, de quem é de Bonsucesso. Brincadeiras à parte, fato é que nossa história, nossas origens, devem ser exaltadas e nos orgulhar. Quanto mais distante chegamos, maior é a conquista e mais saborosa é a vitória.

Por falar em orgulho, uma outra história que pode ilustrar bem o que busco dizer: conheci, ao longo da vida, muitos empresários, diversos empreendedores e diversas histórias inspiradoras de pessoas que montaram seus negócios, perseveraram na busca de seus sonhos e alcançaram seus objetivos. Uma dessas histórias, e talvez a que mais me impressiona, pelo conjunto da obra, foi a do Daniel de Jesus, nascido em Jacarepaguá e criado na Baixada Fluminense, região que, para muitos, de forma errônea, é local onde sonhos e ilusões não prosperam.

Quem não é do Rio imagina que a região se resume apenas a desalentadores rincões de pobreza e miséria. Isso existe, mas há também muitos talentos que sonham um dia alcançar a glória de dias melhores. Daniel, menino pobre, trabalhou como vendedor de picolés em trem e "mostrador" de imóveis para escritórios de locação. A partir de um sonho e um ideal, ele começou, com os pouquíssimos tostões amealhados, a empreender, criando uma pequena empresa de produtos químicos, que posteriormente migrou para empresa de cosméticos: a hoje nacionalmente conhecida Niely.

Daniel teve a disposição para ir aos supermercados, ele mesmo, junto às expositoras contratadas, apresentar os seus produtos.

Teve a coragem de ser um dos primeiros anunciantes do programa *Big Brother* na TV Globo. Na época ele comprometeu quase que 20% da receita do ano nesse programa. Foi uma tacada para lá de ousada, apostando em um programa cujo sucesso, naquele momento, ainda era uma completa incógnita.

Fato é que deu certo, o *Big Brother* conquistou uma imensa audiência, as vendas explodiram e a Niely atingiu o patamar de grande empresa. Anos mais tarde, o Daniel, muito a contragosto, vendeu a Niely para a L'Óreal. Compreensível, visto que, para ele, era como renunciar a tutela de um filho criado com muito carinho, soltando-o no mundo — como, no fim das contas, todo pai é obrigado a fazer em algum momento.

Dia desses, convidei o Daniel para palestrar em um evento da Endeavor, no Museu do Amanhã. Ele teve a oportunidade de contar a sua história de vida para o público, e iniciou a palestra falando de sua paixão por trens, que, afinal, era parte indissociável de sua vida. Foram anos dentro de um trem, vendendo picolés, até que sua jornada o levasse a ser um empresário de sucesso, empreendendo mesmo depois da venda da Niely.

Daniel, com a situação financeira de algumas gerações à frente já resolvida, poderia muito bem deixar as preocupações de lado e ir viajar, curtir *férias vitalícias* com a família, mas sua veia empreendedora falou bem mais alto. E, recentemente, mais precisamente em setembro de 2019, Daniel voltou para o mercado com o lançamento da sua nova empresa, a Duty Cosméticos, com a ambição de se tornar novamente o líder de coloração no Brasil, gerar empregos e riqueza. Nessa empresa, ele tem como sócio o fundo LTS, de Jorge Paulo Lemann, Marcel Telles e Beto Sicupira, expoentes do mundo empresarial. Ele tem muito orgulho de sua história, e eu, de tê-lo como amigo, por ser esse exemplo de pessoa e empresário que é. Resumindo, tenha orgulho de sua história e de suas origens. Elas fazem parte de você. E, como disse ali atrás, quanto maior é a distância percorrida, mais saborosa é a vitória.

Escutar os mais experientes

"Eu queria ser sagaz, ter perspicácia, estar sempre inspirado. O meu avô pedia que não me desiludisse. Quem se desilude morre por dentro. Dizia: é urgente viver encantado. O encanto é a única cura possível para a inevitável tristeza. Havia, às vezes, um momento em que discutíamos a tristeza. Era fundamental sabermos que aconteceria e que implicaria uma força maior."

Trecho de *As mais belas coisas do mundo,* de Valter Hugo Mãe

"Eu falo, falo, mas quem me ouve retém somente as palavras que deseja. Uma é a descrição do mundo à qual você empresta a sua bondosa atenção, outra é a que correrá os campanários de descarregadores e gondoleiros às margens do canal diante da minha casa no dia do meu retorno, outra ainda a que poderia ditar em idade avançada se fosse aprisionado por piratas genoveses e colocado aos ferros na mesma cela de um escriba de romances de aventuras. Quem comanda a narração não é a voz: é o ouvido."

Trecho de *Cidades Invisíveis,* de Ítalo Calvino

Ao longo dessas linhas que vou rascunhando, mencionei diversos aspectos positivos e gratificantes que minha carreira me proporcionou. Mas, além de todas as realizações — e de todos os pequenos causos — já citadas, devo incluir outro motivo de júbilo e orgulho: os clientes a que tive a oportunidade de atender. E que orgulho de ter atendido a diversas empresas icônicas em seus segmentos de atuação! Uma das maiores alegrias profissionais que uma pessoa pode ter é, sem dúvida, a conquista de um senso de propósito, a transformação do seu trabalho em ganhos concretos para os clientes e, por último, mas não menos importante, para a sociedade como um todo.

Creio que o perfeccionismo, a busca pelo melhor desempenho, o respeito por si mesmo e pelos clientes, buscando os melhores resultados, geram, direta e indiretamente, bons frutos para a sociedade. Nas sociedades abertas, de livre mercado, as boas práticas individuais e institucionais são, sem a menor sombra de dúvida, os motores do desenvolvimento e do progresso.

Durante minha carreira, portanto, alimentei a fé inabalável de que a minha busca individual por excelência, associada aos valores das instituições que representei, ajudariam a construir um ambiente de negócios e, quiçá, um país melhores; aliás, alinhado com o propósito institucional da EY, que é *Building a better working world*" ("Construindo um mundo de negócios melhor"). O comprometimento com os resultados e o respeito aos processos me possibilitaram trabalhar com clientes do maior peso e envergadura, que cito a seguir.

Do início de minha carreira até a posição de gerente, fiz parte da equipe de atendimento à então Companhia Vale do Rio Doce, a gigante dos minérios que tantos frutos rende à nação, há quase 80 anos. Como sócio, tive a oportunidade de liderar os trabalhos e, consequentemente, assinar os pareceres de auditoria da Telefónica e da Tim Brasil, expoentes da indústria de telecomunicações no país; da Rede D'Or, maior empresa de hospitais do Brasil, com os mais altos padrões de atendimento e respeito aos pacientes; do Grupo Globo, colossal grupo de comunicação, sempre influente e, até mesmo, determinante nos destinos do país, razão pela qual desperta paixões e ódios mais diversos; da Coca-Cola, talvez a empresa-símbolo do capitalismo do século XX, que dispensa maiores apresentações; e da Multiplan, uma das maiores empresas de empreendimentos em shopping centers do Brasil, dentre outras tantas. Por conta disso, interagi com muitos executivos de extrema competência, inteligência e astúcia, bem como com grandes empreendedores. Fossem eles executivos ou empresários, muitos eram brilhantes, aguerridos e inspiradores.

A Multiplan, por sinal, merece uma menção honrosa nessa galeria. Participei, como gerente, da elaboração da proposta de auditoria que a Andersen apresentou à Multiplan, em 1990. Resultado: conquistamos a conta — *no excuses, just results* — e eu atuei como gerente encarregado dos trabalhos até o ano de 1996, quando estava sendo promovido à sócio e tive de deixar a conta. Continuei cultivando, porém, excelente relacionamento com os executivos da empresa; dentre eles está o Alberto Santos, a quem posso chamar orgulhosamente de amigo, uma palavra forte, é verdade, mas que é de total precisão no que diz respeito à nossa relação. Tive a responsabilidade e a honra de, dentre outros eventos, participar de algumas passagens importantes da história da Multiplan, como o da Oferta Pública Inicial (IPO) da empresa, ocorrida em julho de 2007.

Muitos dos clientes que eu atendia à época da extinção da Andersen, quando comuniquei que estava tomando um caminho diferente dos meus antigos sócios (que seguiram em massa para uma outra empresa concorrente, a Delloitte) e indo para a EY, decidiram por me acompanhar, o que me deixou, é claro, muito gratificado, por saber que o meu trabalho era apreciado por eles. Naquela época, eu tinha como principais clientes a editora O Dia, o Grupo Ancar de Shopping Centers e a Telefónica. A Multiplan já não era atendida por mim àquela altura, mas, ainda assim, eu os avisei que estava tomando um rumo diferente na minha carreira. A editora O Dia, a Ancar e a Multiplan decidiram seguir comigo para a EY, pois desejavam que eu continuasse sendo ou passasse a ser o sócio de atendimento a eles.

A propósito, o CFO da Telefónica, Antonio Muñoz, espanhol que chegou ao Brasil assim que a Telefónica adquiriu empresas da Telebras no processo de privatização ocorrido no ano de 1998, foi outro bom amigo que fiz na carreira. Para se ter uma ideia, assim que ele regressou à Espanha, depois de 6 anos no Brasil, convidou-me para passar férias com ele e a esposa. Senti-me honrado com a amizade e o prestígio e, claro, lá fui eu com minha Rô, aproveitar os muitos encantos — culturais, culinários, e naturais — da terra de Cervantes, sobretudo os de Madrid, Sevilha, Ávila e Salamanca, onde passamos a maior parte do tempo.

Ele me recebeu em sua casa e fez uma excelente programação para as semanas que passamos juntos. O Antonio, pessoalmente, também manifestou interesse em seguir comigo e com o Marcelo Jordão — da área de impostos, que também atendia à Telefónica —, sócio que também tomou o mesmo caminho, seguindo comigo para a EY. Mas, infelizmente, no caso da Telefónica, a decisão de contratação dos auditores era tomada uniformemente na Espanha, abrangendo todas as investidas em âmbito mundial. Nós mesmos falamos para ele que era impossível.

Bem, mas o fato é que essa passagem me deixou bastante lisonjeado. Saber que se é respeitado e querido pelos clientes é muito bom! É lógico que eu tinha essa impressão, mas é inegável o prazer que sentimos quando uma sensação é comprovada inequivocamente por um fato, como foi o caso.

Mas a verdade é que a digressão foi tão grande que acabei não falando do tema exposto no título do capítulo. É o que acontece quando somos tomados por boas lembranças e por aquela pequena dose saudável de nostalgia… Pois bem, voltemos à Multiplan, para completar nossa história sobre ouvir os mais experientes e vividos: na minha relação com a empresa, tive também a oportunidade de interagir com o José Isaac Peres, acionista controlador e um dos empreendedores mais emblemáticos do país. O Peres é de uma geração anterior à minha e, portanto, com muito mais experiências de vida pessoais e profissionais, além de comprovado e reiterado sucesso nos negócios. Como não aproveitar esse ativo que tive à disposição, para minha sorte, em algumas reuniões de trabalho?!

Do Peres ouvi alguns ensinamentos sobre os negócios, os investimentos, a vida e tudo mais, dentre os quais posso destacar: "Não pense duas vezes antes de comprar um terreno próximo à praia. Ele nunca, jamais, irá desvalorizar!" O terreno, para o meu desalento, ainda não tive o "cascalho" para comprar, mas tive a felicidade de comprar um aconchegante apartamento, que tenho a enorme satisfação de chamar de casa e que, desde que o adquiri, vejam, só se valoriza! Outras duas frases de que me recordo são: "Para dar certo, basta uma coisa: faça bem-feito" e "A diferença você nota. O detalhe você sente". E é a pura verdade. Dizem que o diabo está nos detalhes. E está mesmo! Não se pode falhar nos detalhes. Se você servir um *Brunello Origini La Fornace* (meu vinho preferido) em um copo de geleia, esse detalhe jogará todo o seu esforço por água abaixo. É como dar pérolas aos porcos.

Lembro-me de uma passagem que ilustra bem a última dessas lições: na época, eu era gerente e estava acompanhado de um sênior, que havia preparado uma apresentação — a qual eu revisei. Ao final da apresentação, deixamos uma via física com uma carta de endereçamento. O executivo destinatário, então, agradeceu a apresentação, leu a carta introdutória e, por fim — e de repente —, nos devolveu a apresentação. A razão? A carta estava endereçada, supostamente, em seu nome, porém, como havia a omissão de uma letra "t", que era duplicada, ele devolveu a carta, solicitando que fosse endereçada com o nome correto. Nada mais pude fazer, além de pedir desculpas, com a plena certeza de que temos de estar atentos a todos os detalhes, a qualquer filigrana, pois é neles que residem os diabos e seus perigos. Houvesse eu atentado para tal ensinamento, não teria passado pelo constrangimento desnecessário.

Ouvir os mais experientes — e aplicar suas lições —, em toda sua sabedoria e experiência, como fossem estes oráculos ou apóstolos, é, sem dúvidas, uma das chaves do sucesso. Tenhamos a certeza de que a vida, em sua estrutura básica, segue um enredo bem semelhante, uma liturgia, independentemente dos tempos atuais. Devemos buscar os ensinamentos e as experiências dos mais velhos. É como a história do filho que, quando criança, tem o pai como um super-herói. Na adolescência, ele passa a achar que sabe tudo e o pai é ultrapassado, não sabe nada. Tempos depois, adulto, é que ele vê que o pai sabe, sim, muito mais que ele e tem muito a ensiná-lo através da transmissão de suas experiências. Cometem um monte de erros também, afinal somos todos humanos. Mas esses erros, tenham a certeza, são ínfima minoria e todos vamos cometê-los. Não sejamos, portanto, adolescentes profissionais.

Foco

"It does not matter how slowly you go so long as you do not stop.[2]"
Andy Warhol

"No que diz respeito ao empenho, ao compromisso, ao esforço, à dedicação, não existe meio termo. Ou você faz uma coisa bem feita ou não faz."
Ayrton Senna

 Algumas palavras, quando caem no domínio público e viram modismo, acabam com seu significado diluído e passam a não designar nada de específico. Uma delas é foco. À parte o desgaste, a palavra, em seu sentido original, segue sendo útil e não há outra que melhor ilustre o que pretendo demonstrar. Se há uma coisa que aprendi na carreira foi a ter foco. Focar nos objetivos, e nos processos que levam à realização desses objetivos. Sempre planejei o longo prazo, mas defini ações e objetivos de curto e de médio prazos, como deve ser feito. O longo prazo, no fim das contas, mais que um objetivo, é um anseio, um desejo ou um ideal abstrato. O importante é o caminho. Os tijolinhos que vão levantando os alicerces para a concretização do objetivo final são colocados ao longo do processo, paciente, diligente e repetitivamente.

 Quando ingressei na carreira, tinha o objetivo final de um dia me tornar sócio. Estimava o tempo necessário em aproximadamente 15 anos. Para que fosse mais que um sonho, porém, eu deveria planejar e ter ações de curto e médio prazo que me

---

[2] Tradução livre do autor: "não importa o quão devagar você siga, desde que não pare".

possibilitassem atingir a promoção a sênior, depois a gerente e, por fim, a sócio; passo a passo, como devem ser as coisas na vida. Estipulei o objetivo de me tornar sênior em 3 anos, depois mais 3 ou 4 anos para chegar a gerente (levei 4 anos) e, finalmente, planejei mais 8 anos para chegar a sócio. Oito anos depois da meta anterior e quinze após a meta inicial, lá estava eu.

De certa forma, os prazos ficaram dentro das minhas expectativas e do que eu havia previsto. Não foram os prazos mais audaciosos, mas ficaram dentro da meta. Diferentemente de uma ex-presidente (ou presidenta, como ela gostava de ser chamada), que entendia que "A meta é aberta, e cumprindo a meta (?), a gente dobra". Brincadeiras à parte, desde o dia em que ingressei na carreira até minha promoção a sócio, a Andersen só havia feito um mísero sócio de auditoria no escritório do Rio, que, na realidade, apenas repôs um sócio que havia sido transferido para o escritório de Lisboa. Fui o primeiro a ser promovido sem que houvesse reposição de peças. Pude notar, ao longo do tempo, que alguns profissionais tiveram promoções mais aceleradas em relação às minhas, bem como eu tive em relação a de outros.

Na vida, isso é natural e acontecerá em diversas ocasiões. Não adianta sofrer, não adianta chorar. O importante é não se achar um idiota se alguém tiver melhor performance que você num determinado momento, pois corre o sério risco de você subestimar sua capacidade. Também é importante não se achar "o cara" se tiver melhor performance que alguém, pois corre o risco de você superestimar suas virtudes. Tudo tem seu tempo. Todos têm seu tempo. Ambos os comportamentos são muito perigosos.

Vi muita gente boa, e muito babaca também, jogar a carreira fora por ficar descontente com uma promoção. Que bobagem! Sempre falo que nossa vida profissional é cada vez mais longeva.

Não é um ano decepcionante ou um deslize que será determinante para sua carreira. Não quero, com isso, de maneira alguma, falar em acomodação. Não é isso. Temos de analisar, em detalhes, as razões de eventuais deslizes de modo a não persistirmos neles, para que eles sirvam de lição dali para a frente, para melhorarmos cada vez mais e nunca nos acomodarmos.

A analogia que faço nesses casos é a seguinte: suponhamos que você vá fazer uma viagem do Rio a Búzios e tem a intenção de chegar às 22h00. Você, então, se planeja para sair do Rio quando o tempo esperado de viagem te possibilite chegar às 22h00, com uma certa margem de contingência. Digamos que você decida sair do Rio às 20h00, pois sabe que a viagem leva aproximadamente 2 horas. Durante o percurso, você certamente será ultrapassado por alguns, assim como ultrapassará tantos outros. Mas se você chegar a Búzios às 22h00 terá atingido o seu objetivo. Na carreira, eu sempre agi dessa maneira. Não tenhamos pressa, mas não percamos tempo…

Acho que um dos maiores problemas do ser humano é manter suas expectativas e planos muito baseados no que acontece com o outro; esquecer que, na vida, nosso maior adversário somos nós mesmos e como lidamos com nossos planos e expectativas. Feitos nossos planos, traçada nossa linha mestra e definidos os métodos para atingir o objetivo final, nada que não seja estritamente pessoal importa. É o famoso momento de "ligar o foda-se" e ignorar como vão os planos dos outros.

Já vi diversos casos em que a pessoa está esperando 10x, mas ganha 11x. Como o colega do lado levou 12x, ela fica insatisfeita, "puta", ensandecida, hostil etc., muito embora as suas expectativas fossem de receber 10x e ela tenha levado 11x. Por outro lado, se ela recebe 9x e o outro recebe 8x, ela fica satisfeita porque levou mais do que o outro, muito embora o que recebeu tenha ficado abaixo de suas expectativas e desejos. Vida complicada essa, não?! A mesquinhez humana não conhece limites.

Temos de nos policiar contra o que há de pior em nós, afinal, no fundo, somos todos anjos e demônios, ao mesmo tempo. Resta escolher o que vamos cultivar. Presenciei, por exemplo, a saída de enormes talentos que ficaram insatisfeitos e quiseram dar uma satisfação para o seu ego. Quiseram apenas alimentar a própria vaidade. Com certeza, esses profissionais teriam ido bem mais longe em suas vidas profissionais se não fossem tão impulsivos e tolos. Muitos deles acompanhei a carreira ou, ao menos, tive notícias esporádicas. O que tenho a dizer é isto: estabeleça suas metas e seus objetivos, foque neles e não deixe que comparações afetem a sua vida, se as coisas estiverem transcorrendo dentro das suas expectativas.

Os exemplos que dei apresentam o foco no que se relaciona ao tema carreira, mas foco é um elemento que deve ser exercitado em tudo o que a gente faz. Foco, acima de tudo, é saber separar o joio do trigo; o que importa do que não importa. Várias linhas atrás, comentei que 80% da nossa vida a gente planeja; os outros 20% ficam meio que por conta do acaso, da sorte ou das coincidências e contingências da vida.

Devo, aliás, esclarecer que essa frase, que estabelece a medida percentual da vida que podemos controlar, foi-me dita num curso na Universidade Harvard, que fiz em Vevey, na Suíça. Lembro-me bem de que, ao final do curso, o instrutor — "feríssima", por sinal — disse que, por mais que você se prepare, existe na vida um fator imponderável, um tempero especial, que é a tal da sorte. Ela precisa estar ao seu lado quando você precisar. E, de fato, existem momentos em que você faz tudo certinho e, ainda assim, precisa contar com uma dose de sorte mesmo. Lembram-se do Joseph Climber? Sorte não era a praia dele.

Eu, graças a Deus, sempre fui um cara de muita sorte nas minhas escolhas. Acho que aqui cabe um parêntese para falar sobre um rapaz que não teve muita. Quando da fusão da Coopers com a Andersen, ocorrida no ano de 1998, esse rapaz era diretor e seria promovido a sócio. Com a fusão, congelaram a promoção dele. Mas ele seguiu em frente, obstinadamente, crendo que o futuro lhe reservava o pote de ouro ao final do arco-íris. Três anos depois, quando ele estava sendo considerado para ser promovido na Andersen, aconteceu a extinção da empresa, decorrente do escândalo da Enron, e ele novamente teve a promoção adiada.

Obstinado e diligente, recomeçou a caminhada na Deloitte. Mas nem toda história é de sucesso e conquista e, bem, tempos depois, cansado de tantas contingências indesejadas e desilusões, ele decidiu tomar outro rumo na carreira. De fato, a sorte não esteve do lado dele, ou melhor, lembrando-me da história do camponês, acho que essas intercorrências foram presentes de Deus embrulhados em jornal, pois ele tem tido carreira de sucesso como executivo de grandes empresas.

Nós sabemos o que nos espera caminhando, seguindo serenamente nossos propósitos e aceitando, mas não nos prostrando, derrotados, diante dos reveses. Já diria o poeta, *no hay camino, camino se hace al andar* ("Não há caminho, caminho se faz ao andar").

Retomando: o foco, na realidade, se relaciona com diversos outros aspectos da vida, além do profissional. Dar foco, dar prioridade àquilo que você almeja é fator preponderante nas conquistas. Eu sempre achei, e ainda acho, que tenho um pacto com a vitória. Eu sempre ganho. Até nas pouquíssimas vezes em que supostamente perdi, na realidade eu também ganhei. Os tais presentes em papel de jornal.

Logo que ingressei na EY, em 2002, participamos da concorrência para a Petrobras e para o BNDES. Nas concorrências envolvendo essas empresas públicas ou de economia mista, o fator preço é preponderante. Ao abrirem os envelopes, fomos os vencedores de ambas as concorrências e o nosso preço estava muito abaixo do preço dos concorrentes — ou seja, foi uma grande vitória estratégica. Isso gerou um intenso crescimento das nossas operações no Rio.

Lembro-me bem, como se fosse ontem, da ligação que recebi do Julio Sérgio, CEO da EY à época, e que também havia feito o tal curso de Harvard. Ele me ligou e disse: "Mauro, você, além de tudo, é um "p*** cara de sorte". E eu retruquei, jocosamente, mas não sem alguma verdade: "Julio, na realidade, eu tenho um pacto com a vitória. Ela é sempre minha".

Digo que até quando não ganhei, eu venci, porque sempre ficou comprovado, pelas mais diversas razões, que, realmente, o melhor, naquelas circunstâncias, foi não ter ganhado a concorrência. Às vezes, e são muitas essas vezes, a gente ganha perdendo (e a recíproca é verdadeira). Penso que esse pacto com a vitória é fruto de competência, ética, compromisso e... foco.

Das diversas conquistas que tive na carreira, uma das mais emblemáticas foi a da conta do Grupo EBX. Hoje, olhando em retrospectiva, depois de tudo o que aconteceu com o Grupo EBX, pode parecer irrelevante, é verdade, mas essa nossa vitória aconteceu justamente quando o Eike Batista era um dos sete homens mais ricos do mundo, empresário modelo do Brasil pujante e altivo que emergia no ano de 2011.

Àquela altura, éramos o país da moda: Cristo decolando na revista *Economist*, Olimpíadas e Copa do Mundo chegando, *investment grade* em todas as agências de avaliação de risco... Isso sem falar do crescimento de 7,5% do PIB em 2010, ainda influenciado pelo ciclo de alta das *commodities* e do aquecimento do mercado interno, com todos os setores operando na máxima capacidade de produção.

Hoje sabemos que se tratava do ano de esgotamento do modelo de desenvolvimento vigente, mas, àquela altura, parecia que finalmente carimbaríamos nosso passaporte para o primeiro mundo. Doce ilusão. Como mostrou a história, nossos fundamentos não eram assim tão sólidos e, anos depois, tivemos de lidar com os efeitos de uma economia superaquecida, com excesso de crédito disponível, escândalos mastodônticos de corrupção e investimentos insuficientes em infraestrutura e educação que impactam diretamente nos ganhos de produtividade. Mas essa não é a história deste livro.

Voltando: decidimos, na firma, que a EBX seria um cliente alvo. Isso em 2007, quando as diversas empresas do grupo estavam efetuando suas ofertas iniciais de ações (IPO). Tínhamos de adotar uma estratégia vencedora, aproximando-nos do grupo e mostrando que éramos a melhor opção na troca de auditores que eles deviam, mandatoriamente, fazer no ano de 2011. Pois bem: ao final daquele ano de 2007, houve a edição de legislação que alinhava o Brasil às práticas contábeis internacionais. Esse alinhamento causaria, inexoravelmente, efeitos em diversas empresas do grupo, tais como: OGX, OSX, MMX, MPX e LLX.

Sabíamos que os CFOs do grupo se reuniam, mensalmente, para discutir temas variados. Foi então que questionei acerca da possibilidade de fazermos uma apresentação em uma das tais reuniões, sobre os possíveis efeitos da nova regulação nas empresas, que havíamos estudado diligente e detalhadamente. O Leonardo Moretzson, à época o CFO da Holding e conhecido no grupo como CFO dos CFOs, que eu já conhecia na época, me concedeu essa possibilidade.

Fizemos, então, eu e o Roberto Santos, sócio novo à época, a tal apresentação, que foi muitíssimo bem recebida pelos CFOs, que não tinham a mais remota ideia dos efeitos relevantes que as mudanças contábeis produziriam nas demonstrações financeiras das empresas. Entendo que esse episódio foi a pedra angular do estabelecimento de nossa relação com o grupo. Daí surgiram trabalhos específicos de diagnóstico contábil e consultorias das mais diversas naturezas, que nos colocaram numa posição de vantagem frente à concorrência.

Na apresentação oral que fizemos de nossa proposta, percebemos, claramente, através das expressões faciais e gestos dos executivos do grupo, que sairíamos vencedores da concorrência. E não deu outra. Fomos apontados, no final de 2011, auditores do Grupo EBX a partir do ano de 2012. Essa foi a vitória que mais me marcou, pelo exemplo bem-sucedido de estratégia e foco. Uma pena que, logo após, em julho daquele mesmo ano de 2012, o grupo iniciou seu processo de desmoronamento, culminando com o quase completo esfacelamento das empresas. Mas aí é outra história...

Outra sorte que tive na carreira foi a de ter profissionais excepcionais abaixo de mim, que, cada um em seu momento, se tornaram sócios igualmente brilhantes. Quando cheguei à firma, em 2002, muitos dos sócios que tive até a data de minha retirada, no ano de 2020, ou eram integrantes do staff ou sequer tinham ingressado na firma. Leonardo Donato era o sênior da Coca-Cola e eu o sócio da conta. Wilson Moraes veio comigo da Andersen ainda na categoria sênior. Fernando Magalhães foi promovido a sócio no mesmo ano de 2002, em São Paulo, e foi transferido para o Rio no ano seguinte, justamente para cuidar do BNDES. Roberto Martorelli era um gerente especializado em seguradoras, que estava regressando de um programa de intercâmbio da firma em Boston. Ele parou no Rio para um projeto específico, que era o de ajudar na proposta para a SulAmérica — acabamos não sendo bem-sucedidos na época — e, dois meses depois, me comunicou que gostaria de ficar pela Cidade Maravilhosa.

Falei para ele, então, que aqui ele precisaria tocar clientes de outras indústrias. Ele, que queria muito ficar por aqui, topou prontamente. Hoje é o maior especialista em shopping centers e na indústria de *real estate* da firma no Brasil e é o meu substituto nas funções de sócio-líder do escritório do Rio de Janeiro da EY. E vejam vocês o quanto o mundo dá voltas. A EY acabou de ser apontada auditora da SulAmérica para o ano de 2020, exatamente 17 anos depois daquela oportunidade, tendo o Martorelli à frente dos trabalhos. Glaucio Silva, por sua vez, era um sênior que estava em programa de intercâmbio da firma em Nova York. Marcelo Felipe e Roberto Santos também eram sêniors; Beatriz Moraes era staff; Mariana Lebreiro e Daniel Peixoto foram recrutados na turma de 2002, mesmo ano em que ingressei na firma; e a Pia Peralta ainda estava na faculdade, ingressando na firma somente em 2003 — ela chegou atrasada logo no primeiro dia de trabalho, no chamado *"welcome day"* ("dia de boas-vindas"), e, coitada, até hoje escuta isso de mim.

Devo citar também aqueles que passaram pelo Rio e hoje são sócios em outros escritórios, como o Antonio Lage, em São Paulo, a Veronica Barros, em Washington, EUA, o Marcio Ostwald, atual líder da área técnica (Professional Practice Group Leader) da firma no Brasil, e o Claudio Camargo, atual líder da área de Assurance, no Brasil. Tenho imenso orgulho dessa turma. Foram fundamentais em conquistas de contas expressivas, tais como: Aliansce, BR Malls, Brookfield, Energisa, Equinor, Estacio de Sá, Monteiro Aranha, SulAmérica e muitas outras. Especial menção faço ao Paulo Machado, único sócio de auditoria do escritório do Rio no ano em que ingressei na firma. Profissional competente e íntegro, parceiro fundamental na criação de diversos dos pilares e dos talentos que citei.

Todas essas conquistas, tanto nas promoções a sócio quanto na captação dos clientes e assunção de posições de liderança na firma, foram conseguidas à base de competência, compromisso, ética e muito foco na perseguição dos objetivos. O fundamental é a garra, o resto a gente dá um jeito. Garra, integridade e respeito àquilo que somos. Para fazermos melhor, e do nosso jeito. E mais uma vez, como diria Sinatra: *"I did what I had to do, and I did it my way"* ("Eu fiz o que tinha de fazer, e fiz do meu jeito"). E no meu *"way"* — meu e dessa turma aí —, nunca faltaram garra, determinação e foco.

No mais, acho bem oportuno mencionar uma passagem que aconteceu em um treinamento que recebi, de formação gerencial, e que se relaciona ao tema foco. Nesse treinamento, o instrutor logo de cara faz a seguinte pergunta: "Você tem algum objetivo? Qual seria?". E colhe as respostas de um por um, começando pelo primeiro à esquerda da mesa em formato de "U". A maioria respondia um valor determinado de dinheiro a ser acumulado: US$1 milhão, US$2 milhões, e por aí vai. Eu havia respondido que gostaria de alcançar um sucesso profissional que me propiciasse condições de ter uma vida confortável, mas não determinei um valor a ser acumulado.

Bem, tendo recebido todas as respostas a essa primeira rodada de perguntas, ele retorna com a seguinte pergunta: "E o que é que vocês estão fazendo para alcançar os objetivos que acabam de mencionar?" E aí é que notamos uma tremenda cara de interrogação em quase todos os participantes. Isso quer dizer que as pessoas estipulam os seus objetivos, mas não determinam qual caminho devem trilhar para consegui-los. Enfim, se não definem sequer um caminho, o que se dirá do foco... Antes de dar o foco, antes de dar o gás, é preciso definir que caminho trilhar.

Para finalizar, tem um outro aspecto, esse de dificílima aplicação, que é o de sabermos reconhecer quando estamos sob o comando de alguma emoção ou sentimento que certamente nos fará tomar decisões indevidas, ou bastante erradas, ou até mesmo injustas, e que nos tirará o foco. O ser humano, por melhor que seja, está sujeito a, em determinados momentos, sentir raiva, ódio, ciúme, inveja e por aí vai. Quem é que nunca escutou de alguém claramente nervoso: "Pode deixar, eu sei o que estou fazendo, eu estou calmo, p****!"

Pois é, essa pessoa, nitidamente sob o comando da raiva, está bastante suscetível a fazer bobagem, caso tome alguma decisão sem a serenidade requerida. Seguramente irá perder o foco naquilo em que deveria estar concentrada. É muito difícil reconhecermos que estamos com algum sentimento ruim, mas, no fundo, sem a necessidade de se fazer muita força, a gente consegue identificar.

Como disse nas primeiras páginas, o intuito deste livro nada tem nada a ver com autoajuda, entretanto uma coisa eu posso afirmar, categoricamente: uma das dicas que mais me ajudaram na construção de minha carreira e que foi fundamental em posições de liderança que ocupei foi a de saber reconhecer quando eu não estava bem; às vezes, comigo mesmo, que estava sob a influência de sentimentos negativos e não tomava decisão nenhuma. Esperava me acalmar, deixar aqueles sentimentos desaparecerem e, de cabeça fria, tomava as decisões e retomava o foco para aquilo que realmente interessava, não correndo o risco de decisões precipitadas que podem ser injustas e inadequadas.

Acho que consegui construir e exercitar, com sucesso, minha inteligência emocional, a que citei lá atrás como sendo o grande alicerce para o êxito de um profissional.

Bairrismo (ou "Defenda a sua terra natal") e desafios

"O Rio de Janeiro continua lindo"
Trecho de *Aquele abraço*, de Gilberto Gil

"Minha alma canta
Vejo o Rio de Janeiro
Estou morrendo de saudade
Rio teu mar, praias sem fim
Rio, Você foi feito para mim
[…]
Rio de sol, de céu de mar
Dentro de mais uns minutos
Estaremos no Galeão."
Este samba é só porque
Rio eu gosto de você"
Trecho de *Samba do Avião*, de Antonio Carlos Jobim

"Augusta, graças a Deus
graças a Deus,
entre você e a Angélica,
eu encontrei a Consolação

que veio olhar por mim

e me deu a mão"

Trecho de *Augusta, Angélica e Consolação*, de Tom Zé, em homenagem a ruas icônicas da cidade de São Paulo

"Alguma coisa acontece no meu coração,

que só quando cruza a Ipiranga e a Avenida São João"

Trecho de *Sampa*, de Caetano Veloso

Entendo que o homem é movido a desafios. Tenho um tremendo orgulho de ser "carioca da gema". Aliás, mais ainda: digo que sou da Guanabara, pois carioca mesmo é aquele que nasceu na Guanabara, hoje cidade do Rio de Janeiro. O Rio sempre foi a mais bela cidade do Brasil e do mundo, sem a menor sombra de dúvida. Quem discorda é clubista e bairrista. O Rio, afinal, é a Cidade Maravilhosa. E, por ser a mais bela, talvez seja ela tão descuidada, tão desleixada com a própria beleza e encantos, afinal, ela é a mais bela e não tem por que correr atrás, não é mesmo?

No que diz respeito à economia, entretanto, o Rio não é o mais rico, perdendo de longe para o coração econômico e financeiro do país, que é São Paulo. E isso sempre fez a "cariocada" correr mais, para não ficar muito atrás. Por outro lado, São Paulo tenta ficar mais bela, investe em artes, grandes arquitetos, paisagistas etc... mas aí é um pouco complicado, né?

Comentários, obviamente jocosos, como esses é que fizeram a minha, até certo ponto fabricada, fama de bairrista. No sentido de defender, é claro, apaixonadamente, o meu lugar, minha terra. Aquilo que os alemães chamam de *heimat* — terra-mãe — ou pátria. Melhor dizendo, longe de ser uma forma de desvalorizar o que é do outro, ser bairrista, no sentido positivo, é ter amor e zelo por aquilo que é tão seu. Mais ou menos como a diferença entre o patriotismo — generoso, aberto a mostrar ao mundo o que a sua casa tem de melhor — e o nacionalismo — deletério e xenófobo[3].

Bom, fato é que cariocas e paulistas têm diferenças de perfis básicas. Sem dúvida, nós, cariocas, somos mais descontraídos, enquanto os paulistas são um pouco mais formais, amofinados e contraídos. Mas os "manos" são bons. Seus serviços, na grande maioria das vezes, são mais bem prestados, e isso não há como negar. A gente percebe a diferença quando vai lá. Aqui no Rio, taxista escolhe a corrida, mesmo em tempos de Uber. Pode ter diminuído um pouco, mas eles ainda escolhem. E a gente aceita.

Há uma churrascaria em Botafogo, original de São Paulo, que trouxe um monte de garçom de lá. A gente estranha bastante. Os caras te tratam feito rei. Garçom do Rio, como se sabe, não te serve, ele te faz favor. É como um jogo de sedução. Lembram-se do esquete do Porta dos Fundos que brinca com os garçons do Rio? Então, não é uma caricatura, é a realidade. E a gente atura, e na boa. Faz parte. Mas, olha, quer ver uma coisa que irrita nesses restaurantes paulistanos, requintados ou não, que se instalam no Rio? Eles não servem mate. "Pô, aí não dá!" A gente toma mate na refeição. E os caras não entendem. Mas fora isso, eles dão de 10 em serviço na gente. Aqui no Rio é 7 a 1 todo dia.

Tem uma história que merece ser contada aqui: um belo dia, o já mencionado Marcelo Jordão, então sócio da Andersen, paulistano e corintiano roxo, uns 3 anos após ter sido transferido de São Paulo para o Rio, chega na minha sala e diz: "Moreira, agora

---

3 Nas palavras do historiador Timothy Snyder, "um nacionalista nos incentiva a mostrar nosso pior lado (...). Nas palavras do romancista Danilo Kis, o nacionalismo 'não tem valores universais, estéticos ou éticos'. Um patriota, por sua vez, deseja que a nação corresponda a seus ideais, o que significa pedir que mostremos nosso melhor lado. Um patriota preocupa-se com o mundo real, que é o único lugar onde seu país pode ser amado e apoiado. Um patriota tem valores universais segundo os quais ele julga sua nação, sempre desejando o seu bem — e que ela estivesse melhor".

eu consigo entender os cariocas. Vocês se sacaneiam com respeito. Vocês se encarnam, mas não perdem o respeito e a amizade. Confesso que sempre estranhei isso, mas hoje consigo compreender perfeitamente".

E é verdade mesmo. Eu, por exemplo, fico chateado se meu time perde e ninguém me sacaneia. Penso que estão aborrecidos comigo. Essa é a essência do carioca. Levamos as coisas a sério, mas não demais. Outra passagem do Jordão que eu adorei foi quando ele chegou de uma viagem a São Paulo. Ele foi à minha sala e disse: "Moreira, hoje, pela primeira vez quando desci do avião, tive a sensação de que estava voltando pra casa". Foi muito bom ouvir aquilo. O Rio o havia conquistado.

Outra história que eu adoro contar é a de um americano, o Nick, que estava sendo transferido dos EUA para o Brasil na mesma época em que ingressei na EY, em 2002. Ele veio para integrar o time de revisores de relatórios financeiros preparados de acordo com as práticas contábeis norte-americanas, e foi oferecida a ele a possibilidade de escolher entre o Rio e São Paulo para morar. Ele, que nunca tinha vindo ao Brasil, programou a viagem para visitar as cidades com a esposa e chegou por São Paulo. Visitou a cidade, conversou com as pessoas etc. e tal.

Na sequência, ele e a esposa vieram para o Rio, de ponte aérea. Estava um dia claro, ensolarado, céu azul, e o avião fez o percurso pela orla, aquele que contorna o Pão de Açúcar e pousa pela cabeceira do lado do calabouço. Ao descer do avião, pela escada, caminhando até o saguão, ele para, olha para a esposa e diz: "Eu não sei onde você morará, mas eu morarei aqui". Essa história eu simplesmente adoro, vocês nem devem imaginar o motivo...

Já que estamos falando de bairrismo, queria aproveitar também e deixar registrada mais uma história, que talvez tenha servido para alimentar de vez essa fama de bairrista. Tive a oportunidade de contá-la para diversas pessoas, mas queria deixá-la aqui registrada, impressa. Lá pelos idos anos de 1990, tempos da Avenida Maracanã, quando era gerente da Andersen, eu atendia a um cliente cujo diretor financeiro era um executivo de mão cheia e uma figura com enorme bom humor. Um dia, conversando sobre o mercado de shopping centers, perguntei a ele sobre um shopping que estaria sendo construído no início da Rodovia Presidente Dutra, a Rio–São Paulo.

Ele, então, disse-me que não conhecia a construção do referido shopping, que não havia passado por lá. Aí, eu, brincando, falei: "Você só passa na Dutra de avião, né? E de avião não dá para ver". Ele ficou com aquela cara de interrogação, e eu complementei: "Você só passa de avião pela Dutra quando vai para São Paulo". E ele, então, disse: "Não, eu não vou a São Paulo. Aliás, eu não conheço São Paulo". Ao ser atingido por esse petardo verbal, fiquei estarrecido e perplexo, pois sabia que, apesar de não ser paulistano, a figura era natural do estado de São Paulo. Como é que pode um executivo não precisar ir a São Paulo? E ele não ia porque não precisava, inclusive, porque não tinha vontade de conhecer, dizia, obviamente fazendo troça e carregando as tintas numa aversão que não existia de fato. Tudo pelo efeito humorístico...

Disse a ele, no mesmo espírito brincalhão, que invejava aquele poder de dizer que não conhecia São Paulo simplesmente por não estar a fim. Essa total liberdade é que é formidável. Até hoje, quando eu encontro com ele em algum lugar, ele olha para mim e, antes que eu fale alguma coisa, dispara: "Continuo sem conhecer!".

Para desmistificar essa história, que é pura pilha, como aquela sacaneada constante entre dois amigos que se adoram, algum tempo depois eu soube que o tal executivo tem uma irmã que mora em São Paulo, e que ele vai frequentemente para lá. Mas prefiro ficar com a versão folclórica inicial, pela diversão. Nesse caso, vale a versão e não o fato.

Aproveitando o ensejo, e ainda falando dessa figura bem-humorada, há outra história muito boa, que, dessa vez, contudo, nada tem a ver com São Paulo. No início do ano de 1999 — e do segundo mandato do Fernando Henrique Cardoso —, por volta do dia 15 de janeiro, o governo faz uma maxidesvalorização da moeda, no intento de corrigir desequilíbrios no balanço de pagamentos do país, num contexto de crises sucessivas nas economias emergentes, cenário que vinha se intensificando na segunda metade da década dos anos 1990 — e que, por aqui, culminou na dramática crise argentina de 1999-2001.

A empresa estava alavancada, com dívida em dólar, e o sujeito estava no meio de suas férias na França. O pessoal da empresa, com certa aflição, liga pra ele e comenta sobre a maxidesvalorização, seus efeitos, aquele rebuliço todo etc., ao passo que ele sai com a seguinte pérola como réplica: "Vem cá, me diz uma coisa, se eu antecipar a volta das minhas férias, a cotação do dólar cai? Então vou ficar por aqui, terminar as minhas férias e na volta a gente conversa". Típica saída de carioca. Grande aprendiz esse paulista, não é mesmo?

Quem me conhece sabe do meu amor pelo Rio e que faço tudo para defender a cidade, mas sabe também que, na realidade, eu respeito muito e, vá lá, devo confessar, até gosto de São Paulo. Como não gostar da capital cultural e econômica da América do Sul, com tanta riqueza de opções de cultura, culinária e tudo mais? Essa rivalidade é apenas fachada, pois, na verdade, a gente se admira. Nós admiramos a organização, a seriedade e o trabalho deles, e eles amam o nosso jeito mais leve e brincalhão de ser. Talvez, se conseguíssemos consolidar os dois em uma única pessoa, seria perfeito. Dos grandes amigos que fiz na firma, boa parte é paulista ou paulistano. É sempre importante lembrar, afinal, que "encheram a terra de fronteiras, carregaram o céu de bandeiras. Mas só há duas nações — a dos vivos e a dos mortos"[4].

Deixo de lado, agora, essas passagens anedóticas, inesquecíveis para mim, e passo brevemente a outro tema, que é, porém, conexo a tudo o que foi dito: desafio. Correr atrás para atingir resultados expressivos perante os resultados dos escritórios de São Paulo sempre me serviu de motivação e desafio. E, como eles sempre trabalham muito bem e apresentam bons resultados, isso sempre fez com que eu me mantivesse dando o máximo de mim.

Queria aproveitar este espaço para falar sobre a potência econômica que é São Paulo, que respeito e aprecio bastante. Agradeço muito a eles, que, além de tudo, me serviram como grande motivação na carreira. Sempre me impus o desafio de ter melhores resultados em comparação à relevância de cada economia. Sem esses desafios, eu talvez tivesse, indevidamente, relaxado um pouco. Procurei me manter desafiado para que pudesse dar o meu melhor. Aprendi que devemos estabelecer metas desafiadoras. Cair no lugar comum, de metas facilmente atingíveis, é o caminho certo para a acomodação.

---

4 Trecho do livro *Um Rio chamado tempo, uma casa chamada terra*, do escritor moçambicano Mia Couto.

Meritocracia

"Tais são os preceitos do direito: viver honestamente, não ofender ninguém, dar a cada um o que lhe pertence."
Ulpiano

Dar valor ao mérito. Talvez tenha sido um dos maiores desafios e a maior preocupação da minha vida profissional, pois ser justo não é simples e requer constante reflexão. Mas esse é um valor do qual não podemos nos separar jamais. Levar em consideração exclusivamente o mérito é fundamental para a construção de uma carreira em alicerces sólidos. Esse, para mim, foi um grande desafio, pois inúmeras foram as vezes em que deparei com parentes de amigos ou conhecidos participando de processos seletivos, tanto da Andersen quanto da EY, cuja performance não os indicava para a contratação. Muita gente se indispôs comigo por eu não ter dado aquela força no processo seletivo. Uma força em que você arreda pé dos seus valores fundamentais, e a meritocracia é um deles, uma forma de venda da alma ao diabo. E se você vende uma vez, vendeu para sempre.

Voltando, mais uma vez, à história de minha saída da Andersen, lembro-me bem de quando fechei questão sobre a ida à EY, e uma das primeiras coisas que fiz foi ligar para a Veronica Barros, gerente da Andersen, que trabalhava bastante comigo à época. Saindo do escritório de advocacia no qual havia visto a minuta do contrato envolvendo minha admissão como sócio da EY, liguei para a Veronica e marcamos uma conversa no antigo restaurante Rio's, no Aterro do Flamengo, que, por sinal, tinha uma das vistas mais encantadoras da cidade, para o Pão de Açúcar.

Ali, falei para ela que eu estava tomando outro caminho, que estava indo para a EY, enquanto a Andersen se movia em bloco para a Deloitte. Disse também que gostaria muito de tê-la na EY. A Veronica, que sempre confiou bastante em mim, decidiu seguir o mesmo caminho. Hoje, por sinal, como já disse ali atrás, ela é sócia da firma em Washington DC, EUA. A Veronica foi a única pessoa a quem eu fiz o convite. Depois disso, ao comunicar aos meus antigos sócios, deixei bem claro que não faria convite a mais ninguém, mas que escutaria quem me procurasse.

Lembro-me de que, dias depois da conversa, marquei uma reunião com os gerentes da Andersen para informar sobre minha saída. Eu já havia comunicado aos sócios a minha decisão. O objetivo dessa reunião com os gerentes foi o de avisá-los sobre estar tomando um caminho alternativo e dizer que eu acreditava muito que os sócios da Andersen, que estavam conduzindo o processo de fusão com a Deloitte, estavam fazendo o que parecia melhor para a firma. Disse, também, que acreditava muito no futuro daquela fusão, mas que, infelizmente, analisando as outras alternativas que para mim apareceram, eu entendia que o melhor seria seguir o caminho para a EY — o que, já tive oportunidade de dizer, foi uma decisão que se mostrou acertadíssima.

Terminada a reunião, fui para a minha sala e um dos gerentes presentes na reunião logo me procurou, dizendo: "Não sei se você me levará para a EY, mas eu me desligarei daqui de qualquer forma". Daí eu disse para ele: "Se você decidir se desligar e quiser me acompanhar na EY, é claro que será bem-vindo lá". Aliás, aqui cabe um parêntese para contar uma história curiosa relacionada com essa reunião que tive com os gerentes da Andersen.

Lembro-me de que o Amauri Fernandes, sócio da Andersen à época, por quem tenho enorme apreço e carinho, esteve comigo nessa reunião e presenciou tudo o que foi conversado com os gerentes. Sobre ele, o Fernandão, outro bom companheiro que fiz na carreira, com quem, vale destacar, tive a oportunidade de trabalhar como sênior e gerente, além de ter sido sócio dele por cerca de 7 anos. Em suma, gosto muito do Fernandão, que sempre me deu bastante apoio na firma.

Bem, mas não sei por que "cargas d'água" — quer dizer, acho que sei: provavelmente por conta dos nervos à flor da pele daqueles momentos inquietantes que uma fusão traz —, recebi uma ligação de um alto dirigente da firma, logo que terminou a reunião com os gerentes, que me questionou sobre a realização do tal encontro.

Eu disse, então, para ele, que era meu dever dar uma satisfação aos gerentes, muitos dos quais eu admiti na firma, e que, ademais, haviam trabalhado comigo em diversas oportunidades. Acho que, motivado por alguém — não sei quem, com exatidão, mas consigo imaginar — que lhe havia dito que essa reunião poderia servir de aliciamento desses profissionais, ele resolve me ameaçar, dizendo que iria me processar. Aí não teve jeito... Falei para ele o seguinte: "Olha, aprendi com meu pai que quando a gente ameaça alguém, a gente tem que cumprir. Vou aguardar o seu processo e, se ele não chegar, vou concluir que você aprendeu diferente em casa". Pois bem, até hoje não chegou processo nenhum. Com certeza aprendeu diferente em casa.

Mas, retomando o fio, logo após eu ter ingressado na EY, alguns profissionais me procuraram, perguntando sobre a possibilidade de também seguirem para lá. Aqueles profissionais que eu achava que tinham potencial para seguir na carreira e que efetivamente agregariam valor, casos, por exemplo, do Moraes e do Portella, topei de cara contratar. Para outros, porém, por não vislumbrar futuro na carreira, muito embora por diversos deles eu nutrisse forte simpatia pessoal, disfarcei, disse que não havia espaço e não contratei.

E, olha, que decisões acertadas! Com exceção de um único gerente, que resolveu seguir outro caminho que lhe trouxesse maior realização e tranquilidade, todos os demais admitidos se tornaram sócios da EY, amparados, exclusivamente, nos méritos próprios, e tendo, de fato, trabalhado muito pouco nos meus clientes. O Portella, por exemplo, nunca trabalhou comigo. É especialista na indústria financeira, diferentemente de mim. E com relação àqueles que não contratei, soube, mais tarde, tomaram outros caminhos profissionais.

Algo que mencionei anteriormente como um dos grandes desafios da carreira é não sucumbirmos àquela identificação pessoal que, muitas vezes, surge com determinadas pessoas, com determinados profissionais. Nesses casos, é certo, gostaríamos muito de vê-los seguindo carreira, sendo promovidos; mas, às vezes, a performance desses profissionais não corresponde, e temos de tomar decisões difíceis.

São aqueles momentos sensíveis, em que não podemos sucumbir diante de nossas simpatias pessoais. O que significa decidir objetivamente e, muitas vezes, comunicar-lhes que tomar um outro caminho na carreira, corrigir a rota, é o que a firma entende como o mais indicado. Há, também, o caso mais desagradável, obviamente, de comunicá-los que chegou o final da linha, sem maiores embromações. É muito duro, mas jamais podemos proteger alguém a não ser, exclusivamente, em razão do seu mérito.

Não se pode transigir com princípios essenciais. Decisões difíceis precisam ser tomadas, com uma frequência maior do que a desejável, e não podemos postergá-las por conta de simpatias pessoais. Da mesma forma, é erro idêntico o de não reconhecer o mérito daqueles pelos quais não nutrimos simpatia. Relacionar-se fora do escritório, ou até mesmo no escritório, sair para almoçar etc., é coisa que podemos fazer com quem a gente quiser; por outro lado, admitir, promover e reconhecer o valor são atos que devem sempre estar pautados, única e exclusivamente, no mérito. Meritocracia é, por fim, o princípio básico, inegociável, intransigível e absoluto para o sucesso profissional e para aqueles que lideram pessoas. Não se pode aceitar menos do que o zelo absoluto com esse imperativo de justiça no trato com superiores e subordinados.

Palavra

"Se você diz a verdade, não tem de se lembrar de nada."
Mark Twain

No tópico anterior, comentei brevemente sobre a história de um tal processo que me foi prometido e jamais deu o ar de sua graça. Dando sequência ao assunto, vou falar um pouco agora sobre "palavra", conceito tão importante nas relações humanas, sejam elas pessoais ou profissionais. Uma coisa que a vida me ensinou foi a seguinte: "Você pode até discutir a letra de um contrato assinado, mas jamais poderá deixar de cumprir a palavra empenhada".

A essência das obrigações de um contrato, portanto, vão além de letras miúdas e filigranas. O que vale mais é palavra, a responsabilidade pessoal pelo que é central naquela obrigação contraída e o respeito pelo que se assume, que é o fundamento intrínseco das relações de confiança — entre profissionais, entre amigos ou entre companheiros de vida. Aliás, a reputação de um CNPJ depende exclusivamente do conjunto de CPFs a ele ligados.

Outra filosofia, outro princípio, que adotei em minha vida, e de que não abro mão, foi o seguinte: "Prefiro ser traído a desconfiar das pessoas". É claro que já fui traído algumas vezes, mas, diria eu, o saldo é extremamente positivo. "Aquele que sorri rouba algo ao ladrão", diria Otelo, no clássico shakespeariano. Vale — e muito — o *trade-off*, como diriam os economistas. Por estar do lado do bem, do que é correto e do que é justo, invariavelmente me cerquei de pessoas que prezam pelo que é do bem, correto e justo. Simples assim. Posso, a propósito, contar uma das poucas exceções, uma história que me deixou muito chateado e em que fui traído.

Há cerca de 8 anos, uma grande empresa localizada no Rio era auditada por uma concorrente, que também auditava uma das suas principais acionistas. Esse referido acionista havia feito uma parceria com uma outra grande empresa estrangeira em alguns investimentos no Brasil, que pouco tempo depois foi desfeita. É muito difícil que parcerias, de qualquer natureza, sejam desfeitas sem que fiquem algumas rusgas, umas mais e outras menos graves. Como a EY era a auditora dessa outra empresa estrangeira, e permaneceu como tal, na minha visão, talvez tenha ficado algum tipo de ressentimento pelo lado da tal empresa acionista, quando do encerramento da parceria no Brasil.

Por conta disso, minha percepção era de que esse acionista dificilmente nos aprovaria como auditores da empresa investida, num processo de concorrência que a empresa teria de promover, por conta do rodízio de auditores mandatório da Comissão de Valores Mobiliários — CVM (órgão regulador das companhias com ações negociadas em bolsa). À época, a tal empresa passava por uma reestruturação bastante relevante, e trocar de auditor seria muito ruim, por conta de o auditor já estar bastante familiarizado com todos os aspectos da reestruturação. Bem, mas o fato é que a empresa tinha de trocar de auditor por conta do rodízio mandatório. *Rules are rules* ("Regras são regras"). Mas há um detalhe: o rodízio de auditor é mandatório no Brasil, mas, nos Estados Unidos, onde a tal empresa também é registrada na SEC (correspondente nos EUA à CVM no Brasil), não há tal obrigatoriedade.

Analisando todo esse contexto, imaginando as poucas chances que teríamos para sermos indicados como auditores da empresa e cientes do momento ruim para se efetuar a troca, combinamos internamente uma possível estratégia, que seria a seguinte: proporíamos à empresa uma indicação nossa, pelo período de 3 anos (tempo mínimo para que o auditor que tem de sair possa voltar), somente para fins da auditoria das demonstrações financeiras no Brasil; ou seja, faríamos o trabalho a 4 mãos com a concorrente: a EY assinaria o parecer para fins de Brasil e a concorrente para fins americanos. Entendemos que essa seria uma solução boa para todas as partes: para a empresa, que manteria seus auditores, pelo menos, para fins dos EUA e que, para fins de Brasil, retornariam no tempo mínimo; para a concorrente, que manteria parte de seus honorários na conta; e para a EY, que teria também uma boa parte desses honorários de auditoria.

Bem, na concorrente estavam pessoas que eu conhecia há tempos. E, numa forma de demonstrar que éramos concorrentes e não inimigos, liguei para um sócio da concorrente. Ele, por sinal, era meu contemporâneo e tinha uma posição de liderança na firma, e marquei de ir a São Paulo para falarmos sobre a concorrência da tal empresa.

No dia seguinte, peguei um voo cedo e me reuni com ele. Fiz, então, a proposição de apresentarmos uma proposta em conjunto, pelas razões já mencionadas. Ele, de pronto, concordou e disse que realmente seria uma excelente proposição, pois todos ganhariam.

Dada a relevância da referida empresa nas demonstrações financeiras dos seus acionistas, seria esperado que eles se definissem pelos mesmos auditores da empresa. Um desses acionistas era uma empresa na qual eu tinha um ótimo relacionamento com um de seus executivos, que havia sido o superintendente-geral de um cliente atendido por mim no passado, a editora O Dia. Por sinal, a editora era um dos clientes que, quando comuniquei que estava tomando um rumo diferente e seguindo para a EY, decidiu que gostaria que eu continuasse atendendo a conta, pela EY, e seguiu comigo.

Como também tínhamos interesse na conta das empresas investidoras, e não só na investida, fui até o referido executivo, e conversamos sobre a concorrência da empresa que ele representava, bem como sobre a da investida (a tal grande empresa localizada no Rio), quando mencionei a ele o que estávamos alinhavando com a empresa concorrente que auditava as empresas à época, no sentido de apresentarmos uma proposta em conjunto.

Não havia ferimento a qualquer aspecto ético ou legal em tal proposição, e o executivo teve uma reação extremamente favorável. O escritório onde me reuni com o executivo ficava na Praia de Botafogo, 300, e o escritório da EY, na Praia de Botafogo, 370, ou seja, a uns 200 metros de distância, se tanto. Quando saí da reunião, caminhei até o escritório da EY e, chegando ao saguão do prédio, eis que toca o meu celular. Era o CFO da tal grande empresa localizada no Rio à época, que eu sinceramente não me recordo do nome — e, verdade seja dita, sequer desejo fazê-lo e não fiz o mínimo esforço de pesquisa para mencioná-lo; ademais, soube que o sujeito não ficou lá por muito tempo.

Ele, primeiro, me falou que não era para eu ter procurado por nenhum acionista. Depois me perguntou: "Que história é essa de proposta em conjunto? A concorrente disse que não havia nada disso". Eu, então, respondi que havia procurado a empresa acionista no contexto em que ela também deveria efetuar a troca de auditores, e que eu procuro quem eu achar que devo. E, quanto à proposta em conjunto, isso era o que havia sido acordado entre mim e um determinado sócio da concorrente. E que, se alguém estava mentindo, com certeza esse alguém não era eu.

Como se pode ver, fui traído, mas essa foi uma das pouquíssimas vezes em que isso ocorreu. E não trouxe consequência alguma. Como já disse aqui, sempre caio para cima. Essa grande empresa é um grande cliente de serviços de consultoria até hoje, em que temos tido a oportunidade de auferir receitas certamente superiores às que conseguiríamos sendo os seus auditores.

E, como disse anteriormente, o tempo é o senhor da razão. Posso imaginar o quão difícil deve ser, para o auditor, por exemplo, lidar com um imenso e intrincado processo de recuperação judicial, como aquele pelo qual passa a tal empresa atualmente. Pois é. Essa breve história está contada aqui apenas para ilustrar um dos pouquíssimos exemplos de traição que tive na carreira. Carreira essa que encerro saindo exatamente pela porta da qual entrei, a da frente, com orgulho de toda a minha história. Já quem não honrou a palavra e me traiu...

Graças a Deus, entretanto, eu teria mil histórias para contar de pessoas dignas, que honraram suas palavras não importando as consequências e os contextos. Esses exemplos são a imensa, esmagadora maioria das experiências que passei confiando nas pessoas. Fiz diversos amigos na carreira, tais como: o Ricardo Levy, que foi CFO da empresa de hotelaria BHG; Walter Cesar, diretor da Unimed Rio (esse, de forma jocosa, divide o mundo entre os amigos e os "FDPs"); dentre muitos outros, com os quais mantenho estreito relacionamento de amizade até hoje. Um desses muitos amigos que fiz na minha vida profissional foi o Alberto Santos, diretor administrativo e de controladoria da Multiplan. Alberto é aquele tipo de pessoa supertransparente. Fala o que pensa, doa a quem doer. Se ele está chateado com alguma coisa, não usa meias palavras, te diz o que pensa — e eu acho isso ótimo. Transparente e honesto.

Lembro-me da época em que a Multiplan estava se preparando para o IPO (oferta pública de ações), em meados de 2007. Todo processo de IPO gera um trabalho enorme, num contexto de pressão por prazos fenomenais. A Multiplan tinha de preparar demonstrativos pró-forma, além dos normalmente requeridos em processos similares. Com a equipe da EY trabalhando em forte regime de horas extras, chegou uma hora em que as horas estimadas já haviam estourado e surgiu aquela pressão toda para encerrarmos e apresentarmos os formulários e relatórios nos prazos. Foi quando procurei o Alberto e falei: "Alberto, nossas horas estouraram, você está vendo o quanto a equipe está trabalhando, vamos discutir e estimar os honorários adicionais agora?" E ele me respondeu: "Agora? Não, acertamos no final".

Bem, não cheguei a ficar preocupado, pois sempre confiei inteiramente no Alberto. Mas que era um estouro formidável — para dizer o mínimo —, eu sabia que era. Terminado o trabalho, formulários prontos, relatórios emitidos, fui até o Alberto e apresentei a conta. Era coisa de aproximadamente o valor de uma auditoria anual. O Alberto engoliu seco, silenciou por alguns instantes, olhou para mim e disparou: "Posso pagar em duas vezes?". E não é que ele seja bonzinho. Não é disso que se trata; aliás, não é mesmo. Alberto dava muito trabalho nas renovações de contrato, discussão de honorários de serviços, discussões técnicas etc. Duríssimo em todas as negociações e na defesa de seus pontos de vista técnicos e da organização que representa. Mas é um "cara de palavra". E para quem tem palavra, não é preciso escrever. Ela basta. Graças a Deus, eu sempre cumpri a minha e me relacionei com pessoas que também cumpriram as delas, em 99% dos casos.

Respeito

"Se você quer saber como um homem é, preste atenção em como ele trata quem é inferior a ele, não seus iguais."
Frase do personagem Sirius Black, em *Harry Potter e o Cálice de Fogo*

Respeito é um conceito que, desgraçadamente, na grande maioria das vezes, as pessoas só aplicam de baixo para cima, esquecendo-se da dignidade intrínseca de todo ser humano; ou seja, é normal se ver respeito aos pais e aos superiores hierárquicos, mas não é suficiente, pois, conforme a máxima popular, "respeito é bom e todo mundo gosta", e é isso mesmo! Devemos ser respeitosos, gentis e corteses com todas, absolutamente todas as pessoas que nos cercam, sem exceção e sem a necessidade de algum título ou adjetivo a conferir maior ou menor respeitabilidade.

E isso começa por nós mesmos. Você deve ser a primeira pessoa a se respeitar. Do contrário, ninguém mais o respeitará. Respeitar a sua história, suas origens, seus valores, sua imagem. Tudo que é positivo na vida leva muito para se construir, já o negativo... é rapidinho, viu?! O ser humano, na mesma medida em que possui uma capacidade infinita de amar e ser generoso, possui também aquela capacidade terrível de ser mesquinho e destruidor. E, infelizmente, o que é destrutivo e apela aos piores sentimentos humanos tem sempre uma velocidade de propagação estonteante.

Uma imagem positiva, por outro lado, é obra de anos, com tijolo por tijolo alicerçando essa construção, com muito cuidado e esforço de autoavaliação e moderação. A imagem negativa, por vezes, se constrói com apenas um fato isolado, um acontecimento, uma infelicidade. Sobretudo em tempos de mídias sociais e hiperexposição. Não é fácil cultivar uma boa imagem perante a sociedade. Uma coisa que sempre digo é que nós somos observados durante todo o tempo.

Quantas vezes formamos uma percepção das pessoas sem nem mesmo termos trabalhado — ou, pior, sequer conversado com elas? E percepção torna-se opinião. E opinião, verdade, fato. Por exemplo, quando cheguei à EY, a divisão de auditoria no Rio tinha cerca de 40 pessoas, e eu consegui conhecer todos, de *trainee* para cima. Hoje, no Rio, a firma conta com mais de 1200 profissionais, sendo cerca de 300 em auditoria, ou seja, não dá mais para conhecer todos.

Então, quando saía da minha sala, que ficava ao fundo, para almoço ou para me movimentar no escritório, eu passava pelo staff, pelas baias dos gerentes e pelas assistentes da área. Se eu passasse uma vez e visse uma pessoa conversando; passasse a segunda, a terceira, e ela sempre ali conversando, é óbvio que eu teria a percepção, e a consequente opinião, de se tratar de uma pessoa mais chegada à conversa, àquela boa resenha, do que ao trabalho.

Por outro lado, existem aquelas pessoas que você passa e vê que estão sempre trabalhando, concentradas. Também é inevitável você ter a percepção de se tratar de pessoas focadas no trabalho. Quantas foram as vezes em que o pessoal de Recursos Humanos me encaminhou histórias que ensejaram desligamentos, e que, ao pedir a foto, para poder ligar o nome à pessoa, quando a via, tudo logo fazia sentido?! Todo relatado acabava se encaixando com a imagem que eu tinha daquela pessoa, meramente por conta da percepção que tive observando detalhes, de passagem. O tal do *blink*[5].

Então, muito cuidado, pois nós estamos sempre sendo observados. Um outro aspecto a ser observado é que os seus atos podem manchar não apenas a sua imagem pessoal, mas também a da firma ou instituição para a qual você trabalha. Quando você ingressa numa organização, você passa a incorporar seu nome como se um sobrenome fosse. Eu me chamo Mauro Moreira, mas muita gente me conhece como o Mauro Moreira da Ernst & Young. Devemos, portanto, estar atentos ao fato de nossas atitudes terem o poder de afetar não só nossa reputação, mas também a da instituição que integramos, seja ela qual for. A ligação é umbilical, inexorável e inescapável. Não adianta tentar isolar as coisas, por mais que se tente.

Existem situações que são verdadeiras armadilhas. Aquele chope da happy hour, a pelada da firma, as famigeradas festas de final de ano — essas são realmente terríveis, extremamente perigosas, dada a quantidade de bebida alcoólica gratuita envolvida. Aliás, tem alguns ingredientes que, por si só, são grandes causadores de confusão. Disputa e bebida são dois deles. Lembro-me de que, uma vez, quando eu era sênior de auditoria da Andersen, isso nos tempos da primeira avenida, a Brasil, em meados dos anos 1980, tínhamos um cliente que quis marcar um jogo contra a Andersen. Pois bem, a tal pelada foi marcada e aconteceu uma briga entre um staff nosso e um escriturário do cliente, que, evidentemente, abalou a relação entre as partes.

---

5 Do excelente livro *Blink – A decisão num piscar de olhos,* do Malcolm Gladwell.

Quantas foram as histórias que já se soube, pela mídia, nos casos mais "rocambolescos" e chamativos (quem não se lembra do colaborador de uma multinacional fantasiado de "negão da p*****?!⁶)", ou pelo boca a boca, nos casos envolvendo pessoas do seu meio. São de abordagens indevidas com colegas de trabalho, por conta de bebida a mais, aqui e ali, e que já prejudicaram a carreira de muita gente. Recordo-me, particularmente, de uma, em que alguns colegas de staff combinaram de passar o carnaval em Salvador. Chegaram na sexta-feira, uma menina do grupo bebeu demais e fez algumas coisas das quais ela se arrependeu profundamente na manhã seguinte. Conclusão: pegou um voo de volta no próprio sábado e, dias depois, pediu as contas, interrompendo uma carreira que poderia ir longe.

Histórias dessa natureza talvez eu tenha centenas para descrever, mas vou citar apenas mais uma, que envolveu pessoas de um certo cliente. Era aniversário do diretor financeiro de um cliente de origem espanhola, que, por coincidência, fazia aniversário junto a meu pai: 19 de março, Dia de São José. A equipe do cliente organizou uma festa-surpresa e convidaram todos os membros da equipe de auditoria que atendia a esse cliente. Percebi que um dos integrantes da equipe já estava indo para níveis estratosféricos de embriaguez, "pra lá de Bagdá", como se diz.

Falei com ele, com toda delicadeza que o momento exigia, para irmos embora, já antevendo aquele famoso "vai dar m****", porém, já na calçada, aguardando, quando para o táxi para o qual fiz sinal, ele se volta para mim e diz que ficará um pouco mais. E, bem, voltou para a festa. Resignei-me aos fatos com a certeza de que iria mesmo "dar muita m****", mas que eu nada

---

6 Esse ícone da "trolagem" na era do WhatsApp tornou-se uma praga nos grupos de besteiras desse aplicativo.

mais poderia fazer àquela altura. Fui embora, então, com a sênior e, com uma remota ponta de esperança, rezei para que nada de particularmente desastroso ou muito constrangedor acontecesse.

Mas Deus, dessa vez, como o pedido era particularmente exagerado, quase que um milagre, não escutou as minhas preces. No dia seguinte, assim que cheguei ao cliente, senti um ambiente mais pesado que o Ronaldo Fenômeno em fim de carreira. A controller do cliente, que interagia conosco durante quase todo o tempo que passávamos no escritório do cliente, então, muito constrangida, vem a mim e diz que o tal integrante da equipe havia bebido muito além da conta e teve uma atitude execrável com uma secretária que estava na festa. O clima ficou péssimo, e a imagem desse profissional, arranhadíssima. Aliás, se isso tivesse acontecido nos dias de hoje, as consequências seriam, sem dúvidas, muito mais dolorosas.

Há diversos outros detalhes, com os quais muita gente não se importa, que também fazem parte da construção de nossa reputação. No Rio, por exemplo, existe uma deplorável cultura de chegar atrasado sem dar explicação, o que é uma tremenda falta de educação e respeito com os outros. Lembro-me bem de uma vez em que estávamos na época de entrevistas dos candidatos a *trainee*. Normalmente, a gente fazia umas quatro entrevistas por dia. Ora, leva-se um certo tempo para você conseguir reunir as informações necessárias para avaliar bem um candidato. Alguns, contudo, facilitaram bastante a minha vida. Entrevista marcada para as 09h00 e o candidato chega às 09h15, por exemplo. Começo a entrevista e o candidato não faz nenhuma menção ao atraso. Descarte sumário! Por mim, a entrevista acabava ali mesmo, mas, pelo respeito aos procedimentos, eu enrolava um pouco para não parecer uma descortesia.

Ora, se a pessoa se atrasa, sem dar nenhuma explicação, quando está se candidatando ao cargo — supostamente algo importante para a vida dela —, imagine só o nível de compromisso que ela terá depois de contratada! Por isso, reitero: atenção, muita atenção, aos detalhes. Eles podem prejudicar sua imagem, sua reputação. O que pode parecer uma filigrana, algo irrelevante, pode fazer toda a diferença em sua vida.

Lembre-se: quando alguém, alguma empresa, pede referências suas a outrem, ela não está interessada no que está descrito no currículo. Isso se consegue lendo. O interesse é justamente naquilo que se oculta, nas informações que não estão ali contidas. Comprometimento, adequação no trato com pessoas, pontualidade e postura profissional *são qualidades que não fazem parte de nenhum currículo, mas que são fundamentais para se definir pela contratação de um profissional.*

Para finalizar esse tópico — Respeito —, e voltando ao tal do autorrespeito que devemos impor a nós mesmos, tenho uma história que pode ilustrar bem o que venho dizendo. O ano era 1987 — aquele em que o glorioso rubro-negro Sport Club Recife foi campeão brasileiro e o Vasco foi campeão carioca em cima de um outro rubro-negro; e eu estava sendo promovido de sênior para gerente. Que ano feliz, portanto!

Os gerentes mais experientes falavam comigo, a todo momento, que eu estava ferrado a partir daquele momento, pois me relacionaria diretamente com um temido sócio, à época Office Managing Partner do escritório da Andersen, no Rio de Janeiro, que cuidava de alguns clientes que eu passaria a atender como gerente. Dizia-se que era uma pessoa de difícil trato, duríssimo, nas "raias do escroto". Eu já o conhecia, claro, pois havia atuado como *trainee*, auditor e sênior em clientes nos quais ele era o sócio responsável. Pela distância hierárquica, nosso relacionamento, até então, era mesmo mais distante, naturalmente.

Jamais havia tido problemas com ele nos meus tempos de staff, e dizia para os gerentes mais experientes que não aceitaria maus-tratos ou descompostura de ninguém. Primeiro porque nunca fiz por merecer e nunca o faria e, segundo, porque essa não é uma maneira de liderar em que acredito. Os mais experientes riam e diziam: "Espere até você tomar o primeiro "esporro" dele. Aí é que eu quero ver".

Bem, veio a alocação de clientes e eu recebi a Esselte em minha carteira, cliente esse que era da responsabilidade do tal sócio. A Esselte era um cliente que, por coincidência, ficava em Bonsucesso, perto da Praça das Nações, local por onde passei a pé ou de ônibus minha vida inteira, até então. Outra curiosidade é que a Esselte fazia a Letraset — que hoje ninguém mais sabe o que é, mas é aquela letra que você colava em livros, compondo as palavras, tipo um decalque, muito utilizada naqueles tempos.

Um dia, com o trabalho basicamente concluído, minha revisão como gerente efetuada e com os "pontos mortos" prontos para a revisão do sócio, ele então solicitou que os papéis de trabalho fossem levados ao escritório para que ele efetuasse a revisão, pois não poderia se deslocar até as instalações do cliente por conta de um outro compromisso inadiável. Arrumei todos os papéis de trabalho e fui ao escritório, acompanhado do sênior do trabalho. Normalmente, quando o gerente e/ou o sócio revisavam, levantavam os pontos em uma folha de pontos, deixavam para que a equipe matasse esses detalhes pendentes e depois faziam seu *follow up* ("acompanhamento").

Acontece que, nesse caso, o prazo de entrega do relatório já estava muito em cima, então o sócio optou por revisar os papéis de trabalho me indagando diretamente sobre eventuais dúvidas. Num determinado momento da revisão, naquele bate-bola um pouco tenso, ele me faz uma pergunta, seguida de uma colocação ríspida, que não me agradou nem um pouco. Eu parei, olhei para ele, e perguntei: "Por que você está falando comigo dessa maneira?" Ele, então retrucou: "De que maneira?" E eu disse: "Por que está falando dessa forma ríspida, grosseira e desnecessária?" E ele, finalmente: "Estou? Desculpe-me".

O fato é que ele nunca mais falou comigo de forma não educada. Cabe aqui destacar que sempre me dei muito bem com esse sócio, tivemos diversos clientes em comum e era bastante comum almoçarmos juntos quando estávamos no escritório. Ele era um tremendo apreciador de comida japonesa, assim como eu. Sempre tivemos uma ótima e respeitosa relação. Sua fama de ser um sujeito detentor de uma proverbial rispidez no trato pessoal nunca foi um problema e nunca se confirmou como um fato, pelo menos para mim.

Se eu não houvesse demarcado esse terreno, talvez dali em diante ele se acostumasse a tratar comigo de maneira ríspida, com o que muitos supostamente se adaptaram — e se acostumaram —, de uma forma natural. Nunca aceitei e nunca aceitaria ser tratado assim, assim como nunca tratei ou tratarei alguém dessa maneira. Se alguém merece um "puxão de orelhas", a repreensão deve ser feita de forma dura, porém educada e em particular. Respeito você deve exigir para si, inclusive para com todas as pessoas, independentemente de nível hierárquico. E se a oportunidade de exigi-lo passar... aí já era, meu amigo! É como aquela história da flecha atirada, a palavra proferida ou a oportunidade perdida... essas, não voltam mais.

Não reverenciar

"Não ande na minha frente, talvez eu não queira segui-lo.
Não ande atrás de mim, talvez eu não saiba liderar.
Simplesmente caminhe ao meu lado, seja apenas meu amigo."
Frase geralmente atribuída a Albert Camus, porém de origem incerta.

Anteriormente, mencionei a importância que sempre dei ao tema "Respeito". E, como decorrência desse tema, eu colocaria o aspecto de não reverenciar excessivamente. Lembremos sempre: todos são igualmente humanos, igualmente suscetíveis de erros e acertos — mesmo aqueles que mais admiramos. Ao reverenciar demais, você se coloca numa posição inferiorizada, de submissão. Corre o risco de tornar-se um pet, ou seja, servil, subserviente e pronto para se tornar repositório das frustrações alheias. Entendo que papas, reis e rainhas sejam reverenciados, à medida de sua importância, pois esses estão mesmo em posição de supremacia perante seus súditos, considere-se isso legítimo ou não. Mas na vida profissional, não há razão para reverências frívolas, o que jamais quer dizer não respeitar as hierarquias.

Na carreira, tive a oportunidade de interagir com pessoas das mais diversas notoriedades, desde ministros de Estado — Marcilio Marques Moreira, ex-ministro da Fazenda, por exemplo, que é pessoa extremamente educada, um gentleman ("cavalheiro") —, até grandes empresários, dentre os quais os irmãos Marinho, José Isaac Peres e Eike Batista — figurante em recentes listas de homens mais ricos do Brasil, o Eike, não nos esqueçamos, chegou a ser o 8º homem mais rico do mundo —, sem falar no sem número de executivos de expressão nacional e internacional com os quais também tive a oportunidade de me relacionar.

Todas essas pessoas têm necessidades, anseios, angústias, frustrações, receios e sonhos, como todos nós. O fato de serem mais abastados ou famosos, de terem tido um êxito financeiro mais expressivo, por si só, não é razão para reverências. Até porque dinheiro, por si só, não agrega valor a ninguém. E quando você não reverencia, você conquista o seu espaço, seu respeito.

Afinal de contas não há nada mais desconfortável do que ser bajulado. Bajuladores são figuras execráveis, tristes, dignas de pena. Entre minhas melhores lembranças, sempre cheias de vivacidade e clareza, estão as "peladas que eu batia", como se diz aqui no Rio, nas quais ninguém, de antemão, sabia o que você fazia, quanto ganhava etc. Na pelada todo mundo é igual. O "couro come" e ninguém vê. Os bons passes, dribles e, claro, pancadas, são distribuídos democrática e igualitariamente. E, normalmente, tem gente de classes sociais bem diferentes.

Na minha pelada tinha office-boy, detetive, comerciante, advogado, estudante, empreendedor, malandro, maconheiro, empresário, 171, biruta... só faltava meretriz para completar o mosaico social da pelada, se bem que havia um rapaz, que, diziam, prestava serviços de acompanhante a senhoras solitárias. E era todo mundo igual. Se fizesse bobagem, qualquer um reclamava, discutia e enquadrava, independentemente de quem fosse. Imagina você perder aquele gol feito e ninguém reclamar? Não faz sentido isso numa pelada. Ali todo mundo é igual, não há reverências. E não é ótimo isso? A pelada é um antídoto sem igual para a vaidade. Era muito ruim jogar pelada com o pessoal da firma, pois, você sendo sócio, a turma aliviava, não chegava duro, não te cobrava. E, convenhamos, esporte sem competição fica muito pobre.

No âmbito profissional, você não pode nunca correr o risco de deixar de fazer o seu trabalho por conta de um respeito exagerado a uma pessoa. Aqui, posso contar uma passagem de quando éramos os auditores do Grupo EBX. Como contei lá atrás, fomos indicados a auditores do grupo em fins do ano de 2011. Tínhamos alguns sócios alocados na conta, afinal eram diversas as empresas do grupo (logística, energia, mineração, óleo e gás etc.), e eu atuava como o *global client service partner*, como um líder global da conta.

Passada a euforia pela conquista desse cliente ou, mais precisamente, em julho de 2012, estourou o problema do grupo, amplamente noticiado na mídia, originado pela detecção de que as reservas da empresa de óleo e gás do grupo, a OGX, não seriam aquelas previstas inicialmente. Com isso, começaram a surgir diversas dúvidas, mormente quanto à continuidade das operações da OGX e seus efeitos em cadeia sobre as demais empresas do grupo. Com a finalidade de obtermos todas as informações necessárias e requeridas profissionalmente, mantivemos inicialmente contato com os executivos do grupo. Porém, conforme aumentavam as turbulências, houve a necessidade de envolvermos o próprio Eike em algumas das reuniões.

Lembro-me bem de que, para liberar um relatório trimestral do grupo, precisávamos de uma reunião para tratar especificamente de algumas representações que teríamos de ter antes da emissão final do tal relatório. Reunião marcada, eu e os sócios de atendimento à conta chegamos na hora marcada. Passados 40 minutos, fomos avisados que o Eike não conseguiria se reunir conosco. Falei, então, para um dos executivos do grupo que nos acompanhava, que não havia problema algum, que entendíamos o momento atribulado e que determinados assuntos poderiam comprometer agendas. Deixei, entretanto, bastante claro que sem uma reunião presencial, sem as representações de que precisávamos, não liberaríamos nosso relatório.

Bem, no dia seguinte foi marcada uma nova reunião, e dessa vez não houve problema. Indagamos o que tínhamos de indagar e obtivemos as respostas que precisávamos ter. Aliás, por mais dura e difícil que a reunião tivesse sido, o Eike sempre entendeu perfeitamente nossa posição, não ficou desconfortável em nenhum momento e nos respondeu com muita educação. Cabe ressaltar a enorme educação e respeito que o Eike teve para conosco todas as vezes em que nos reunimos — quase sempre em reuniões tensas. Não reverenciar, fazer o seu trabalho. Esse foi outro aprendizado que tive na carreira e considero essencial.

Como os conceitos e assuntos se misturam um pouco, conto a seguir uma outra passagem da minha carreira que aborda temas relacionados à reputação, ao respeito e a não reverenciar. Essa passagem aconteceu mais recentemente, em janeiro de 2015, quando recebi uma ligação de um dirigente do Vasco da Gama interessado em receber uma proposta da EY, com o objetivo de contratar um trabalho nos mesmos moldes do que estávamos, à época, fazendo para o Flamengo. Este foi iniciado em 2013, quando fomos contratados pelo grupo que acabara de assumir o clube, com a firme intenção de sanear o clube. Em 2015 esse trabalho já começava a apresentar os seus resultados e já era do conhecimento de muita gente a transformação pela qual estava passando o Flamengo[7], por isso estávamos sendo chamados pelo Vasco.

---

7 Espero que nossos outros gigantes clubes brasileiros, dentre eles o meu Vasco da Gama, sigam o bom exemplo do rival e tornem nosso futebol o produto global que ele merece ser. O espetáculo, nossas torcidas, como poucas no mundo, sempre souberam fazer, e seguimos produzindo os maiores talentos do futebol mundial. O que falta para nós é "apenas" a gestão esportiva de primeiro mundo. Convenhamos que deveria ser a parte mais fácil, mas, infelizmente, não é.

Acontece que, em janeiro de 2015, eu era membro do Conselho Deliberativo do Vasco, indicado pela chapa de oposição ao então presidente Eurico Miranda, figura até certo ponto folclórica, conhecidíssima no cenário esportivo — e também fora, dadas as suas peculiaridades de cartola à moda antiga, com suas polêmicas e personalismo excessivo. Como vascaíno, ainda daqueles "roxos" — hoje me considero bem mais racional e menos afeito a grandes arroubos — e, ainda, pela responsabilidade de ter feito vascaíno meu filho, e por solidariedade ao meu irmão — aqui vale a menção de que, por onde quer que você encontre meu irmão, ele estará vestindo algum item alusivo a São Jorge, à União da Ilha (escola de samba do seu coração) ou então ao Vasco, ou, com relativa frequência, a todos juntos —, eu havia aceitado o convite para fazer parte da chapa de oposição. Eu o fiz por acreditar que poderia contribuir com dias melhores para o clube de minha predileção, que, já há algum tempo, sofre com administrações que não tem tido êxito na recolocação do clube no papel de protagonista, que historicamente ocupou.

Mas a chapa de oposição "perdeu" (entre muitas aspas) a eleição que ficou conhecida como a eleição da urna 7. E por que essa alcunha? Porque, apuradas todas as urnas, de 1 a 6, o candidato de oposição havia conquistado a maioria dos votos em todas elas. Aberta a notória urna 7, a situação conseguiu uma virada "inesperada" (também entre muitas aspas), conseguindo reverter toda a vantagem conquistada pela oposição nas primeiras urnas. Soube-se, depois, que até sócio falecido havia votado, retornando de suas catacumbas ou do além. Uma beleza eleição, nos moldes da gloriosa Primeira República. Apenas para registro, entretanto, ressalte-se que, tempos depois, essa eleição foi cassada na justiça e uma nova eleição aconteceu. Em alguma medida, há de se evoluir.

Bem, mas àquela altura, eleição "perdida", eu havia sido indicado como conselheiro pela chapa de oposição e avisei o diretor que me ligara, em janeiro de 2015, que, antes de iniciarmos qualquer conversa sobre a contratação dos serviços da EY, ele deveria comunicar esse fato ao "chefe", ao "mandachuva" de São Januário. Como eu já esperava, houve um enorme e ensurdecedor silêncio após essa conversa. Silêncio esse que durou exatos 6 meses, pois, para minha surpresa, em junho daquele ano recebo nova ligação do tal diretor, me convidando para uma reunião no clube.

Conhecedor de como as coisas funcionavam por lá e quem efetivamente decidia as coisas e mandava no clube, logo perguntei quem estaria presente à reunião, no que fui informado que o presidente Eurico estaria lá, pessoalmente. Chegando à reunião, passados os apertos de mãos de praxe, sento-me à esquerda do presidente, que se coloca, como previsto, na cabeceira da mesa e acende o seu indefectível charuto cubano, que causava uma fumaça e cheiro insuportáveis naquele ambiente fechado. Colocar-se na posição de todo-poderoso e deixar os interlocutores desconfortáveis fazia parte do ritual, afinal. Logo veio o primeiro comentário, ligeiramente sarcástico, alusivo à minha condição de membro do conselho indicado pelo grupo de oposição, chamados de "amarelos" em razão da cor da chapa nas eleições. E seguia o jogo de poder do ex-todo-poderoso vascaíno...

De forma que as coisas fossem colocadas nos seus devidos lugares — lembrem-se da lição do autorrespeito —, de cara fiz o seguinte comentário: "Fui procurado por vocês em janeiro, quando mencionei minha condição de integrante do grupo de oposição. Seis meses depois, vocês tornaram a me procurar. Tenho a plena certeza de que vocês fizeram as devidas diligências para saber quem eu era e, com total certeza, chegaram à conclusão de se tratar de uma pessoa da mais alta reputação e integridade moral e profissional. Se assim não fosse, eu não estaria aqui, sentado à mesa com a perspectiva de ser o sócio responsável pelos trabalhos que vocês têm a intenção de contratar da EY". Eurico deu aquele sorriso maroto, nada peculiar, de concordância. Mas, no caso de figuras do tipo, sempre sabemos que as concessões são temporárias; e o enfrentamento, eterno. Se paramos de nos impor por um segundo, somos novamente engolidos.

Trata-se, enfim, de um outro excelente exemplo do quão importante é você ter uma reputação acima de qualquer suspeita. Os serviços que prestaríamos nos propiciariam acesso a informações financeiras e confidenciais. Já imaginou, você que me lê, se não houvesse confiança quanto à minha integridade profissional, de manter o sigilo das conversas e de não fornecer nenhum elemento que pudesse servir de "munição" para a oposição?

Pois bem, o fato é que fomos contratados para o serviço, e eu, por conta de conflitos de interesse, renunciei ao posto de membro do Conselho Deliberativo do clube. Afinal, é como a história da mulher de César: não basta ser honesta, tem de parecer honesta. Da mesma forma, a turma da oposição, mesmo lamentando, entendeu e aceitou a minha renúncia. Agora, por outro lado, foi uma pena o trabalho ter sido interrompido logo em sua primeira fase. Lastimável. Tivéssemos seguido adiante, talvez hoje não houvesse esse abismo administrativo e esportivo em que o clube se encontra. Mas aí é outra história, que não vem ao caso ser aqui comentada. De qualquer forma, entendo ser essa uma bela história para ilustrar o quão importante é você ter uma excelente reputação, tanto no aspecto pessoal quanto no profissional.

Aproveitando que estou falando dessa passagem envolvendo essa figura tão "folclórica", para dizer o mínimo, que era o Eurico Miranda, vou contar outra; essa, por sua vez, relacionada ao tema: "Não reverenciar ou exigir tratamento educado": durante a execução dos trabalhos, marcávamos reuniões pontuais de acompanhamento. Tivemos umas três reuniões dessa natureza. Uma delas, por conta de conflitos de agenda, ocorreu num ambiente reservado que há no restaurante do clube, conhecido com whiskeria. Marcamos diretamente no restaurante, sem maiores delongas, sem espaço para embromação. Chegando lá, já estava à nossa espera um diretor do clube, que acompanharia a reunião. Era uma mesa com oito lugares, porém seriamos apenas quatro pessoas a participar: eu, um outro sócio da EY, Alexandre Rangel, o tal diretor do clube e o Eurico.

O tal diretor já estava sentado à mesa. O Rangel sentou-se à sua frente, e eu ao lado do Rangel, e ficamos, então, no aguardo do Eurico. Quando ele chegou, era de se esperar que se sentasse à minha frente. Mas as coisas envolvendo Eurico não eram, jamais, naturais. O que aconteceu foi que ele se sentou na cadeira ao lado daquela que estava vazia à minha frente, de forma injustificável e, para mim, claramente descortês. O Rangel olhou para mim e fez um sinal, como que indagando se não devíamos nos mover de modo que eu ficasse na frente do Eurico. Olha, se ele tivesse chegado e solicitado se sentar naquela cadeira específica, e que nos deslocássemos, por qualquer razão, até mesmo superstição ou por costume, o faríamos, sem sombra de dúvidas.

Mas, pelas minhas convicções quanto a dar e exigir receber adequado tratamento educado, mantive-me na posição, e a reunião se deu integralmente com as conversas ocorrendo na diagonal, a despeito do desconforto. Tenho certeza de que ele entendeu bem o recado, porém não passou recibo. Nem eu. Terminada a reunião, nos despedimos normalmente. Eu, de quebra, saí com a satisfação de ter tido a oportunidade de, mais uma vez, demarcar o terreno em que as relações se dariam.

A passagem citada serve apenas como exemplo de situações desafiadoras, nas quais você precisa demonstrar personalidade para "demarcar o terreno". Tenho de mencionar que, nas diversas reuniões que tivemos, sempre fui muito bem tratado pelo Eurico que, diga-se de passagem, cumpriu com tudo o que foi combinado durante os trabalhos e honrou todos os tratos que tivemos, alguns dos quais na base da "Palavra", tópico explorado neste livro.

Para finalizar o tema "Respeito e Reputação", deixo aqui um registro do que mais me trouxe satisfação. É fato que um de nossos objetivos na vida, talvez o maior de todos, é o de sermos motivo de orgulho para as pessoas que nos cercam, de maneira geral, sermos admirados por aqueles que admiramos e mantemos por perto. Como já disse lá no início, não existe amor maior do que aquele que temos para com um filho. E sermos motivo de orgulho para um filho simplesmente não tem preço. Meu filho sempre foi apaixonado por carros, sabíamos desde cedo que ele trabalharia com carros, e não deu outra.

Hoje ele, além de comercializar carros, é dono de uma blindadora no Rio, a Shelter Blindagens Especiais (vale o comercial, pois trata-se de blindagens da mais alta qualidade) e, naturalmente, nesse ramo, ele interage com diversos empresários e executivos. Não foram poucas as vezes em que ele me perguntou se conhecia determinado empresário ou executivo e eu, de pronto, respondia que sim e o liberava para dizer que era meu filho. E em todas essas vezes em que ele comentou ser meu filho, as portas se abriram por completo.

Ele percebeu que, por ser meu filho, estava concedendo um atestado de bons antecedentes, de lisura, de honestidade e outras qualidades mais. Muitas foram as vezes em que ele chegou em casa e me contou passagens nas quais ele comentou ser meu filho, e o interlocutor, de pronto, falou: "Eu já tinha gostado de você, sabendo que você é filho do Mauro, aí então é que fico completamente tranquilo, negócio fechado!" Acho que vocês conseguem imaginar o quanto passagens como essas me traziam — e trazem — satisfação e orgulho.

Não ignorar

"O inferno não são os outros, pequena Halla. Eles são o paraíso, porque um homem sozinho é apenas um animal. A humanidade começa nos que te rodeiam, e não exatamente em ti. Ser-se pessoa implica a tua mãe, as nossas pessoas, um desconhecido ou sua expectativa. Sem ninguém no presente nem no futuro, o indivíduo pensa tão sem razão quanto pensam os peixes. Dura pelo engenho que tiver e perece como um atributo indiferenciado do planeta. Perece como uma coisa qualquer"
Trecho de *O Paraíso São os Outros*, de Valter Hugo Mãe

Seguindo na linha do não reverenciar, também não podemos, por outro lado, ignorar as pessoas. A linha, por vezes, é tênue, mas devemos tomar esse cuidado, de não parecer nem puxa-saco, nem *blasé* demais. Esses aspectos se entrelaçam com o grande tópico "Respeito". Quando digo não ignorar, quero dizer que é importante você, efetivamente, dar a devida importância às pessoas, fazendo com que elas se sintam visíveis para você.

Não sei se vocês se deram conta, mas quem deu origem às quedas de Collor e Pallocci, por exemplo, foram os chamados invisíveis ou subalternos, motoristas e empregados domésticos. As pessoas, por ignorarem completamente os chamados serviçais, como fossem esses menos humanos, não percebem que eles estão ali, que são gente como todos nós. E falam confidências desnecessárias e, como se viu nesses casos, comprometedoras na presença dessas pessoas, sem perceberem que elas ali estão.

Então, devemos ver, para valer, as pessoas, independentemente de quem sejam na hierarquia das coisas. E tratá-las com a deferência e respeito devidos. Como diria a música de Caetano Veloso, "gente é muito bom, gente deve ser bom, tem de se cuidar, de se respeitar o bom (...) gente é pra brilhar, não pra morrer de fome". A fome, muitas vezes, é mais de respeito e visibilidade do que de comida. "A gente não quer só comida, a gente quer comida, diversão e arte" sabiamente atesta outro clássico da música brasileira, que ficou marcada nas trilhas sonoras dos Titãs e na voz da linda e talentosíssima Marisa Monte.

No meu entender, a melhor e mais simples forma de você mostrar que a pessoa tem importância para você é procurar chamá-la, sempre, pelo nome. Pelo nome próprio, pois se o nome é próprio, quer dizer que ele se refere exclusivamente àquela pessoa. É muito comum — e desrespeitoso — você ver pessoas que se sentem importantes se referindo aos subalternos de maneira pejorativa. Tratamentos do tipo: "Ô, cara; ô, rapaz; campeão; meu querido", e o mais execrável de todos: "Ô meu filho", mostram que você não se importou em saber quem é a pessoa, o nome dela. Gente que, muitas vezes, você vê todos os dias! Isso é desrespeito à pessoa, é ignorá-la. Isso é de uma empáfia sem tamanho. Babaquice mesmo!

Aqui devo ressalvar pequeníssimas exceções: por exemplo, o falecido Edson Bueno, fundador da Amil, o qual tive a oportunidade de conhecer. Uma "figuraça", por sinal. Gente muito boa, chamava a todos de "campeão", mesmo você tendo certeza de que ele sabia o seu nome. Mas ele o fazia olhando nos olhos, tratando a pessoa com respeito e não com indiferença. Quando se chama alguém por esse tipo de alcunha, geralmente não se olha nos olhos, sequer se interrompe o que se está fazendo. É um gesto automático, indiferente. No caso do Edson, portanto, a pretensa impessoalidade é perdoável, claro, porque claramente não era, de fato, um tratamento indiferente.

Outra exceção é quando você tem intimidade suficiente para que um amigo te chame de "meu querido". Sem perdão mesmo é o tal do "meu filho", a não ser que seja mesmo seu filho. O Renato eu trato dessa maneira, e somente ele. Fora essa circunstância, é apenas uma forma de rebaixar o outro, tratá-lo como se fosse alguém que te deve alguma deferência demasiada ou mesmo submissão. É um ranço autoritário, mal-educado e desrespeitoso como o famoso "você sabe com quem está falando?", igualmente inaceitável.

Abrindo um parêntese, há outro aspecto que também vale muito a pena comentar, que é o tal bullying. Nós somos latinos, e latinos se relacionam de maneira mais amistosa, pessoal e corpórea. E com muitas brincadeiras. Os cariocas, então, nem se fala. Mas devemos ter muito cuidado com as brincadeiras. A melhor definição que podemos ter de bullying é a seguinte: uma brincadeira deve ser engraçada para quem brinca e com quem se brinca. Se for engraçada apenas para quem brinca, é bullying. Se ofende e machuca, se toca em traumas da pessoa — e quem define isso, em última análise, é o interlocutor —, você deve se desculpar e não repetir.

Não existe isso de "mas eu acho que é 'mimimi', cara pálida". Você também não fica com raiva de coisas aparentemente sem importância para terceiros?! Certamente sim. Nunca se sabe inteiramente a história e os traumas dos outros. Uma palavra mínima pode desencadear toda uma espiral de más lembranças. E isso deve ser respeitado não só na vida profissional, mas na vida pessoal também. Os efeitos de uma brincadeira, em que a pessoa com quem você brinca se sente constrangida, podem ter consequências devastadoras nessa pessoa, sem exagero.

Voltando ao assunto, sobre o trato com as pessoas, sempre procurei chamar todas as pessoas pelo nome e prestar atenção a elas. Quando cheguei na EY, em 2002, a firma não tinha o tamanho que tem hoje. Éramos cerca de 80 pessoas no escritório do Rio e, com um pouco de esforço, era possível saber o nome de todos os colaboradores. Na época, tínhamos uma sênior de auditoria, a Renata Santos (que chegou a ser diretora da EY e hoje é executiva da Vale, na China), que um dia me falou que as pessoas haviam ficado muito bem impressionadas por eu chamá-las e cumprimentá-las pelo nome.

Isso havia sido muito bem percebido pelas pessoas, de forma geral. E era isso que eu queria mesmo, que as pessoas se sentissem importantes para mim, porque, genuinamente, eram. Ora, todos gostam de ser bem tratados, coisa que devemos ter sempre em mente. E gente satisfeita produz mais e melhor. Trate os outros como você gostaria de ser tratado. A famosa e insuperável regra de ouro.

Outra coisa que me irrita profundamente é quando você é apresentado mais de uma vez para a pessoa e ela te responde com um condescendente "muito prazer". Isso quer dizer que da primeira, ou até mesmo nas vezes posteriores, essa pessoa sequer prestou atenção em você ao ser apresentada. Foi só um gesto automático, como piscar os olhos ou fazer as suas necessidades fisiológicas. Isso é de uma empáfia, de uma arrogância e autossuficiência incomensuráveis.

Lembro-me de um líder de auditoria na extinta Andersen, para o qual eu fui apresentado, na época em que eu era gerente novo, umas quatro vezes. Em todas as vezes, sem exceção, ele disse "muito prazer" e eu respondi igualmente — xingando cobras e lagartos por dentro, porém. Era óbvio que ele se recordava de ter sido apresentado a mim, mas queria passar a mensagem de que eu não era importante, queria marcar terreno, reafirmar sua pretensa superioridade, e por isso não se "recordava". E eu, ironicamente, também sempre respondia com um "muito prazer", num tom até certo ponto irônico. Infelizmente, era o máximo que eu podia fazer, já que, entendia eu à época, não podia responder da forma e com as palavras que eu gostaria. Hoje, bem mais experiente, eu diria a ele que já havíamos sido apresentados e o relembraria em que momento. E o faria sem parecer pedante ou insolente.

Houve, entretanto, outra oportunidade, na qual não havia nenhuma subordinação que pudesse me causar problema ou constrangimentos, e eu respondi como achei que devia e merecia, à época. Isso aconteceu num evento do IBEF — Instituto Brasileiro de Executivos Financeiros, cujo presidente atual é o querido amigo Gustavo Noronha (lá se vão uns bons anos de amizade). Eu era sênior de auditoria, quando fui apresentado — pela terceira vez! — a um determinado participante do convescote, e ele respondeu com o fatídico "muito prazer", no que eu respondi, de bate-pronto: "Só se for pra você, porque, pra mim, não é prazer nenhum sermos apresentados pela terceira vez e você me dizer muito prazer".

O cara ficou muito sem graça, completamente sem ação, pois era óbvio que ele se recordava de já ter sido apresentado a mim.

Sinceramente, não sei se com isso ele aprendeu a perder a empáfia — ou, pelo menos, a disfarçar —, pois, dias depois, chegou uma reclamação, através de um sócio da Andersen, sobre esse episódio. Uma lástima. Mas não recuei e contei a minha versão, ao passo que o sócio, com razão, me disse: "É, realmente esse cara é um babaca mesmo, mas você também não precisava ter dito isso, né?".

E vocês sabem o resultado? Tempos depois esse cara passou a me cumprimentar nos eventos. Pois é. Mas, sinceramente, minha postura nesse caso não foi correta. Hoje, com muito mais experiência, eu faria bem diferente. Falaria com a pessoa: "Poxa, já fomos apresentados três vezes e você não se recorda?" E daí para a frente, a cada nova apresentação eu passaria a contar. E se recebesse um "muito prazer", diria: "É a quarta, quinta, sexta... vez que somos apresentados..." e me divertiria com a situação.

Graças a Deus, entretanto, durante a minha carreira, deparei com muito mais gente boa do que má. Aliás, os babacas foram raríssimas exceções. Falando nisso, me ocorreu agora a cena final do filme *A Rede Social*, que contou a conturbada história da criação da rede social Facebook. Nela, após o acordo na justiça, a advogada dos gêmeos que processaram o Zuckerberg vira-se para ele e diz: "Você faz tudo para ser, mas você não é um babaca. Mas gostaria muito de ser". E, podem crer, tem muita gente que gostaria muito de ser babaca, faz um esforço enorme e, na maioria das vezes, consegue.

Alguns poucos, ainda bem, por mais que se esforcem, por mais diligentes que sejam no exercício da busca da babaquice, não conseguem e aprendem o quanto é cretina e desnecessária tal atitude. Lembro-me de um CFO, "posudo toda vida", que tinha uma participação societária ínfima na empresa para a qual trabalhava, e que se dizia um dos donos da firma. Como eu ria dessa história. Mas, no fundo, ele era gente boa, só fazia isso pela intenção de se mostrar um babaca, que não era. Talvez seja uma autodefesa das próprias inseguranças. Sabe-se lá. Mas esses são os inofensivos, aqueles com os quais você até se diverte. Pior são os ressentidos e deliberadamente maus.

Mais uma vez: é muito bom e gratificante se relacionar com pessoas que possuem a humildade no ponto certo, aquelas que reconhecem a relatividade e transitoriedade das coisas, mas que também não se deixam humilhar, e que, independentemente da posição em que estejam, não ignoram e tratam todos com a mesma dignidade.

Para ilustrar, vou contar uma passagem que muito bem me impressionou. Na época eu era o sócio de atendimento da conta do Grupo Globo, e o presidente mundial da EY viria ao Brasil. Todas as vezes que um presidente mundial (CEO Global) da firma vem ao Brasil, procuramos agendar visitas a clientes emblemáticos, e a Globo, grupo do qual a EY é auditora desde a fundação da TV, em 1965, é, indubitavelmente, um desses clientes.

Pois bem, como haveria a Assembleia da Infoglobo — jornal —, e o Roberto Irineu estaria presente, eu aguardei uns dias e aproveitei que estaria com ele para tratar do assunto pessoalmente. O CEO Global da EY estaria no Rio por apenas dois dias, e o pessoal que organizava sua agenda me solicitou data e hora específicas para o encontro. Fiz, então, a solicitação, conforme data e horário requisitados, o Roberto Irineu abriu a agenda dele e, na hora, confirmou que a data e o horário estavam ok para ele. Pensei comigo: "Ótimo, ainda bem que conseguimos o encaixe perfeito de agendas".

Bem, mas para o meu quase desespero, dias depois, liga-me a pessoa que cuidava da agenda da visita do CEO Global, dizendo que ela havia cometido um terrível engano e que, na realidade, a data e horário não eram aqueles solicitados, de modo que a reunião com a Globo deveria ser no dia seguinte ao agendado. Pensei: "E agora, como é que eu vou fazer?" Pois bem, a única coisa a ser feita seria ligar para o Roberto Irineu, falar do problema de agenda e ver se conseguiríamos a remarcação da reunião.

Dada a importância do assunto, eu mesmo liguei e atendeu a secretária dele, que passou a ligação. O que aconteceu? Ele, prontamente, olhou a agenda e confirmou a remarcação da data, sem problema algum, sem criar nenhuma dificuldade e sem demonstrar nenhuma contrariedade com o ocorrido. Respirei aliviado. Gente simples, não só o Roberto Irineu, mas todos os seus irmãos, que apesar de serem os acionistas da maior empresa brasileira de comunicação, conhecidos e agraciados mundo afora, milionários, se mantêm simples e respeitosos com todos. Verdadeiros exemplos.

A empáfia não leva ninguém a lugar algum. É um mal que te faz prestar contas depois. A vida sempre cobra. A humildade enobrece.

Compromisso

"Nunca devemos nos esquecer de que o futuro não é nem totalmente nosso, nem totalmente não nosso, para não sermos obrigados a esperá-lo como se estivesse por vir com toda a certeza, nem nos desesperarmos como se não estivesse por vir jamais"
Trecho da *Carta Sobre a Felicidade*, de Epicuro a Meneceu.

No já longínquo início deste relato, mencionei a tríade que, suportada no alicerce da inteligência emocional, entendo ser infalível para se ter sucesso. Competência, *ética* e compromisso. Ao longo das histórias que contei, abordei passagens que remetem a comportamentos respeitosos, corteses, morais e éticos. Ter compromisso, trocando em miúdos, é uma decorrência do proceder ético. Queria aqui explorar, portanto, um pouco mais os aspectos relacionados ao compromisso, com os resultados e, mais importante, com as pessoas e com as instituições. Devemos estar comprometidos, de forma profunda e inarredável, com o que nos envolvemos. "Torna-te eternamente responsável por aquilo que cativas", diria o Pequeno Príncipe.

Compromisso é coisa para se ter em todas as vertentes: com a qualidade do que apresentamos, com os prazos com os quais nos comprometemos e com as pessoas que nos cercam. De que adianta apresentarmos um trabalho dentro do prazo sem a devida qualidade, apenas para cumprir uma formalidade, um procedimento? De que adianta um trabalho de excelente qualidade fora do prazo combinado, sem que haja explicação e anuência da outra parte para o fato? E de que adianta um trabalho de qualidade, entregue dentro do prazo, mas à custa de assédio moral, ameaças e desrespeito aos subordinados? Aqui eu queria explorar o aspecto compromisso com as pessoas. Porque liderar é, acima de tudo, inspirar, fazer com que as pessoas façam as coisas por conta própria, mirando-se no exemplo.

Como já mencionei aqui em diversas passagens, a carreira de auditor, como outras tantas, exige enormes sacrifícios. Trabalha-se muito, e sob frequente pressão, por prazos e qualidade. As empresas encerram seus demonstrativos no final do ano e, consequentemente, os trabalhos finais de auditoria se estendem fortemente pelos meses de janeiro, fevereiro e março, o que torna a profissão, no Brasil, e, mais especificamente, no Rio de Janeiro, ainda mais sacrificante, pois esses são os meses do verão, quando grande parte das pessoas está de férias, curtindo viagens e praias. Um sacrifício que nos Estados Unidos e na Europa praticamente não existe, pois eles estão exatamente no inverno, e ficar dentro de um escritório é mais do que *okay* em tais circunstâncias. Mas no Brasil é uma grande de uma porcaria.

Também já afirmei e reafirmei que a profissão de auditor sempre foi um espaço de ascensão social, justamente por demandar sacrifícios que praticamente só aqueles que estão buscando um lugar confortável ao sol se credenciam a se impor. São vários os finais de semana trabalhados, assim como são vários os dias em regime de extensivas horas extras. Quantas foram as noites viradas! Dentre muitas outras, lembro-me de ter virado noites no trabalho da Fiat, em Contagem, quando ainda era *trainee*. Na Vale, então, foram várias vezes, de *trainee* a sênior. Na Embratel, quando era sócio havia pouco tempo, e num processo de ida ao mercado — Follow on — da BHG, quando eu já era sócio veterano — por sinal essa foi minha última virada de noite na carreira.

Ou seja, durante toda a carreira é exigido sacrifício e dedicação de muitas e muitas horas extraordinárias. Que você dedica ao trabalho e tira de noites de sono, de tempo com a família e de lazer. E todos, de certa forma, fazem isso. Então, temos de respeitar o esforço e a perseverante busca que as pessoas hierarquicamente abaixo de você fazem pelo tão almejado lugar ao sol — ou, em outras palavras, por um lugar confortável à sombra, de preferência numa praia da Sardenha ou da *Côte d'Azur*, o maravilhoso e azul litoral francês...

A estrutura de uma empresa de auditoria e consultoria é piramidal, ou seja, quanto maior for o crescimento, mais a pirâmide é alargada, e com isso surgem oportunidades de promoção para quem almeja crescer na carreira. A verticalidade, no fim das contas, depende inexoravelmente da capacidade de cultivarmos uma maior horizontalidade na estrutura da empresa. Por esse respeito às pessoas e aos sacrifícios que fazem, então, é que sempre me impus o desafio de fazer a empresa crescer mais, de modo a propiciar oportunidades para quem está ralando na base e nas posições intermediárias da pirâmide.

Ao longo da carreira, tive a oportunidade de trabalhar com pessoas de perfis os mais distintos. De alguns, você aprende como fazer; de outros, como não fazer. Ouvi duas frases muito marcantes em minha carreira, e, em ambas, eu ainda era gerente. A primeira delas foi quando eu estava conversando sobre a necessidade de crescimento da firma, justamente para que se criasse espaço para promoção dos gerentes a sócios, dos sêniores a gerentes etc. Um sócio, então, me disse a seguinte frase: "É, mas crescer dá trabalho..." só faltou ele completar a frase com um "E eu não estou a fim de ter esse trabalho". Achei aquilo uma completa falta de compromisso com a ascensão das pessoas e pensei comigo: "Jamais vou dizer uma frase dessas".

E não é só não dizer, eu jamais vou agir dessa forma, pois, na realidade, o que me move — e sempre me moveu — é a busca pela vitória, pelo sucesso, pelo crescimento e por poder propiciar espaço para ascensão daqueles que realmente merecem, por seus méritos e esforços. Seria tão mais fácil focar apenas na manutenção da carteira de clientes que temos e não propiciar crescimento, e, à medida que as pessoas fossem chegando, comunicá-las de que, infelizmente, não teríamos espaço para promoções. Mas isso não é justo, não é humano, não é digno e, muito menos, generoso.

Outra passagem que também me entristeceu muito, e que também prometi que jamais, sob nenhuma circunstância, reproduziria, foi quando eu estava discutindo uma situação específica, envolvendo um determinado cliente, com um sócio. Num dado momento, o sócio parou, pensou, avaliou as consequências e disse, em voz baixa, o seguinte: "Vamos em frente, se um dia esse assunto estourar, eu não estarei mais aqui". Inacreditável. E dito sem nenhum traço de vergonha ou constrangimento!

Óbvio ululante que eu não disse a ele o que pensei, que aquilo era uma tremenda de uma sacanagem, de uma pouca vergonha e de uma indecência sem tamanho, pois ele estava pensando só nele e nem um pouco nos demais, para aqueles que estariam à frente da empresa dali a uns tempos. Hipotecando o futuro dos outros em seu nome. Mais antiético impossível. A vontade era de mandar para aquele lugar e falar umas poucas e boas.

Essa é, portanto, outra frase que eu nunca teria a coragem de dizer, ou até mesmo de pensar. Meu compromisso comigo mesmo sempre foi o de deixar uma firma melhor para todos, e eu tinha de fazer a minha parte, sem fazer ou aceitar nada que pudesse causar problemas futuros para quem quer que seja. A regra básica que sempre segui, e da qual não arredo pé, é: "Não fazer a ninguém o que você não quer que seja feito com você". A tal regra de ouro. Agindo assim, fica fácil.

Dentro da mesma linha de compromisso, eu citaria um outro aspecto que é fundamental, e do qual também jamais fugi: é o compromisso com a carreira das pessoas. Com a felicidade das pessoas. Gente, afinal, é o sal da terra, o tempero da vida, e existe para ser cultivada e cativada. Durante a carreira, trabalhamos com bastante gente. Sempre há, entretanto, aqueles profissionais com que, por questões de afinidades profissionais, você sempre acaba trabalhando mais. E quanto mais você trabalha com a pessoa, mais fácil fica administrar a programação dessa pessoa, pois, às vezes, esse profissional está com você num determinado serviço quando surge uma demanda específica em outro trabalho seu e você consegue movê-lo com mais facilidade.

Na minha época de sênior e gerente novo, trabalhei bastante com uma auditora, que foi de *trainee* a sênior de auditoria em diversos clientes meus. Excelente profissional. Meu principal cliente como gerente novo era a Standard Electrônica, controlada por espanhóis. Nesse cliente, ela era a sênior do trabalho. E como a gente trabalhou pesado nesse cliente! Um dia, essa auditora entra na minha sala com aquela pergunta clássica: "Preciso conversar com você. Tem um minuto?"

Bem, para encurtar a história, o fato é que ela havia recebido uma proposta para ser controller de uma grande engarrafadora, que estava se instalando no Rio, com previsão de fortes e consistentes investimentos. Óbvio que ela estava cheia de dúvidas, muito normais para quem gosta do que faz, é bem avaliado e recebe uma proposta para sair da empresa na qual goza de prestígio e faz uma boa carreira. E, olha, a saída dela me ferraria todo.

Eu teria dois caminhos a seguir com ela: convencê-la a ficar a todo custo ou colocar, honestamente, os meus pontos de vista sobre as perspectivas que via para ela na carreira em auditoria e na tal engarrafadora. Optasse eu por convencê-la, estaria pensando exclusivamente no que seria mais confortável para mim, no trabalho, o que seria uma postura ignóbil, desprezível e mesquinha, para dizer o mínimo. Jamais passou pela minha cabeça não expor a minha visão sobre os horizontes que ela teria seguindo a carreira na Andersen, comparativamente à da empresa que queria contratá-la. Disse para ela que, para onde quer que fosse, teria enorme sucesso. A questão ali era em qual lugar ela poderia se sentir mais feliz.

Um dos sócios, então, me chamou à sala dele e disse que eu tinha de convencê-la a ficar, já que era uma excelente profissional, com longa carreira pela frente etc. etc. Falei para ele que não faria isso, pois não achava postura nobre — ou mesmo razoável —, e que apenas colocaria a minha visão. Foi o que aconteceu, e ela, afinal, decidiu aceitar a tal proposta. Lá se vão 30 anos desse episódio. E como eu previa, essa profissional teve ascensão e sucesso profissional por onde passou.

Outra profissional que também trabalhou bastante comigo, como gerente e como sócia nova foi a Patricia Franco. Ela atuou comigo, por exemplo, como gerente nova no trabalho da privatização da Telebras, no ano de 1998. Esse trabalho tinha como objetivo prepararmos a Telebras para ser privatizada, e era liderado por um sócio sênior da Andersen, o Taiki Hirashima, que tinha abaixo dele sócios especialistas: um de auditoria e assuntos contábeis, que era eu; um de consultoria em sistemas, o Carlos Eduardo Rocha; e um de consultoria tributária, o Marcelo Jordão — ambos já citados em outras passagens. Como disse, a Patricia era a gerente que se reportava diretamente a mim, também especialista em questões contábeis e de relatórios financeiros.

Trabalho intenso, meses e meses em Brasília, e, depois, mais alguns meses em Nova York. Aliás, cabe mencionar, mais uma vez, que esse foi um trabalho que me trouxe enorme satisfação, por conta da complexidade, da importância para o país e da remuneração para a firma. Foram quase 2 anos de trabalho exaustivo, mas de tremendos orgulho e satisfação.

Terminado o processo de privatização, a Telefónica de Espanha havia comprado diversos ativos da Telebras, dentre os quais a empresa de telefonia celular do Rio de Janeiro, a Telerj Celular. E, por ser a Telefónica cliente da Andersen na Espanha, a Telerj passou a ser auditada pela Andersen no Brasil, e eu, consequentemente, passei a ser o sócio da conta, tendo a Patricia Franco como a gerente do trabalho.

Trabalho este também altamente complexo, com a empresa se estruturando, absorvendo os novos executivos espanhóis — com os quais, por sinal, tivemos excelente relação profissional. A propósito, já que falei do excelente relacionamento construído com esse cliente, vou fazer uma breve digressão e abrir um parêntese aqui para contar a história do Antonio Muñoz, Vice-presidente financeiro da companhia, que por muito tempo morou no Brasil e com o qual estreitei bastante os laços de amizade a ponto de, como já mencionado, quando de sua volta à Espanha, ele ter me convidado para lá passar férias; não num hotel, mas na casa dele, com minha esposa Rô. Viajamos por boa parte da Espanha juntos. Grande pessoa e amigo, o Antonio Muñoz. Há algo na latinidade, profundamente intrínseco e inevitável, que nos conecta com esse naco ibérico do Velho Mundo.

Bem, voltando ao tema: terminada a auditoria do ano de 1998 — ano, por sinal, do título da Libertadores da América do Vasco, que saudade daqueles tempos vitoriosos... —, relatório entregue, o Antonio me chama para uma reunião e me faz a seguinte pergunta: "Mauro, você sabe que eu estou precisando contratar um diretor financeiro, não sabe? Pois então: eu gostaria de fazer uma proposta para trazer a Patricia Franco. Posso?" Cocei a cabeça, ri de desespero, olhei para ele, e disse, com muita dor, mas sabendo que fazia a coisa certa: "Mas é claro que pode! Se eu disser para você não fazer a oferta para ela, eu estarei interferindo e decidindo por ela. Ela é quem precisa saber das oportunidades que tem e avaliar o que é melhor para ela. Não sou eu quem deve decidir isso". No fundo, claro, minha vontade, naquele momento, era de chorar de desalento.

O Antonio, então, fez a proposta. E a Patricia, como eu já imaginava, aceitou, tendo feito brilhante carreira na Telefónica, já encerrada, com enorme êxito — foram períodos no Rio e, depois, em São Paulo, para, por fim, retornar à sua terra natal, purgatório da beleza e do caos. Hoje, ela tem sua próspera empresa de consultoria e *outsourcing* e é, após ter sido uma executiva de sucesso, uma empreendedora de sucesso.

Nessa consultoria ela tem como sócia uma outra gerente que também trabalhou comigo nos tempos de Andersen e fez parte da equipe que atendeu ao mencionado trabalho para a Telebras, que é a Renata Lebrão, outra profissional de mão cheia, muito competente. Além de tudo, são duas figuraças, divertidíssimas e rápidas no sarcasmo. A gente se diverte muito quando nos encontramos.

A história da Patricia prova, mais uma vez, que as possibilidades são infinitas quando se é comprometido e apaixonado. Somos um, mas também podemos ser dez, começando e recomeçando a todo tempo.

Antes de seguir adiante, não sou capaz de finalizar este trecho sem antes contar uma passagem muito engraçada envolvendo a Patricia Franco, acontecida em meados dos anos 1990. Lá vai: havíamos sido indicados auditores de uma empresa de shopping centers, e, àquela altura, eu seria o sócio e a Patricia seria a gerente. Eu já conhecia as pessoas da empresa e marcamos uma reunião para apresentação da Patricia. O CFO da empresa era um cara de quase 2 metros, passando, e bem, dos 100kg. E com outra particularidade, outra idiossincrasia divertida: ele falava de maneira bastante cadenciada.

Chegando à empresa, somos direcionados a uma sala de reuniões. Cinco minutos depois chega o tal CFO. A Patricia, que era bem magra, quer dizer, ainda é, mas naquela época era bem mais, vai ao encontro do CFO e aperta-lhe a mão. Ele, de pronto, ao término do aperto de mão, sacode a mão e dispara; "Nooooossa, mas ela aperta forte, hein!". A Patricia, que na realidade estava com medo do contrário, e acabou apertando forte numa reação automática a algo que acabou não ocorrendo, ficou muito sem graça com aquele comentário e eu, até hoje, sempre que tenho alguma reunião com esse CFO, para desespero da Patricia, ligo pra ela e pergunto: "Sabe com quem me reuni hoje?" E rememoro mais uma vez essa passagem. Acho que já rememorei mais de 50 vezes.

Voltando ao tema, mais um exemplo de grande profissional, que já trabalhava comigo e passou a trabalhar ainda mais após a saída da Patricia, foi a Veronica Barros. Ela assumiu, como gerente, a conta da Telefónica no Rio, na qual eu permanecia como sócio encarregado, em substituição à Patricia. A plena confiança de ambas as partes e a afinidade no trabalho fizeram com que ela topasse ir comigo para a EY, quando da extinção da Andersen, como eu já contei aqui.

Achei muito legal quando, assim que chegou à EY, ela me pediu para trabalhar com outros sócios, pois queria ter exposição a outras pessoas. Participou de um programa de intercâmbio da firma, no qual trabalhou por 1 ano e meio em Los Angeles e, quando regressou, atuou comigo, como gerente sênior, na conta da Tim. A Tim era, e é ainda, uma conta bastante complexa e altamente relevante para a firma, pois se trata de empresa com registro na Securities and Exchange Commission — SEC (a CVM americana).

Com a experiência de ter passado quase 2 anos no exterior, Veronica ficava balançada entre se transferir definitivamente e seguir carreira internacional — as propostas da firma americana eram muitas e insistentes — ou seguir a carreira na firma brasileira. Como sócio-líder do escritório, eu gostaria muito que ela ficasse e se tornasse sócia da firma no Brasil, mas sabia que a oportunidade de dar continuidade à carreira nos EUA era bastante desafiadora e uma ótima alternativa. Nunca tentei influenciá--la. Até porque o marido dela permaneceu nos EUA e ela ficou na ponte aérea Rio–Los Angeles por quase 2 anos.

Foi quando, então, ela decidiu aceitar a proposta da firma americana e se transferiu para um escritório próximo a Washington D.C. — mais precisamente, em McLean. Foi mesmo uma decisão acertadíssima a que ela tomou, levando em consideração aspectos profissionais e pessoais. Cerca de 7 anos atrás, a Veronica foi promovida e hoje é sócia na firma norte-americana. Mais uma pessoa que tenho o orgulho de ter visto crescer e se realizar dentro da carreira e, de certa forma, de ter tido alguma relevância na construção da profissional respeitadíssima que é hoje.

A gente sempre brincava que, quando uma pessoa trabalhava mais constantemente com um determinado profissional, ele estava apostando naquele cavalo — que no meu caso, eram as "éguas", pois os três exemplos citados eram mulheres. E aí, eu dizia, brincando: "Caramba, eu sempre aposto na 'égua' errada, pois elas vão embora". Mas, na realidade, eu sempre apostei nas pessoas certas, no meu caso, especificamente, nas "éguas" certas. Nesses exemplos que dei, as meninas foram — e são — profissionais de primeira qualidade, que seguiram suas carreiras em outras empresas ou na própria EY dos EUA e estão tendo enorme sucesso.

Os que partem são aqueles que se alimentam de desafios e que são, por isso, desejados por todo canto. Faz parte, é o risco de trabalhar com os melhores e, no meu caso, com as melhores. A mim, cabe a tranquilidade de não ter decidido por ninguém, apenas transmitido minha visão sobre os horizontes que estavam se abrindo, sobre as oportunidades que estavam surgindo para elas, ou seja, sempre procurei ser honesto e passar minha visão sem qualquer viés e, portanto, não tendenciosa, para o que me fosse mais conveniente, exatamente como eu sempre gostei e desejei que fizessem comigo.

Os casos citados coincidentemente dão conta de propostas que foram aceitas e as profissionais tomaram destino em outras empresas ou em outro país. Vale lembrar também um caso de um gerente da EY à época, que me procurou dizendo ter recebido uma oferta para trabalhar numa empresa de *real estate*, da qual, para ser sincero, eu não me recordo o nome. De pronto, eu percebi que não seria uma boa opção para o profissional fazer a mudança, já que as perspectivas na EY eram bem melhores, de acordo com a minha visão. Pois bem: o Moraes não aceitou a proposta e hoje é o meu substituto na liderança da área de auditoria da EY no Rio de Janeiro. Decisão acertadíssima a dele, sobre a qual também tive o êxito de conseguir expor com clareza as devidas perspectivas.

Nesse contexto, também posso citar algumas propostas que recebi ao longo da carreira, sendo que algumas delas representavam aumento salarial imediato pra lá de representativo, além de outros benefícios extras, como foram os casos da Texaco, quando ainda era semi sênior, portanto ainda nos tempos da primeira avenida, da Schlumberger, quando eu era sênior experiente, e Coca-Cola, quando eu era gerente novo, esses últimos já nos tempos da segunda avenida.

Conversando comigo mesmo e avaliando todas as perspectivas em questão, decidi que deveria permanecer na carreira. Hoje dou graças a Deus pelas decisões tomadas, talvez minha felicidade não fosse tão completa caso eu decidisse de outra forma. O que de bom ficava nessas experiências era saber que em nenhuma delas eu protagonizei nada. Sempre fui procurado e nunca preparei um CV. Dá uma enorme satisfação saber que o mercado te valoriza. Faz um bem danado para o ego!

Outra situação similar pela qual passei foi quando fui "emprestado" por cerca de 6 meses ao escritório de Lisboa da Andersen. Na época, 1987, Portugal estava entrando na comunidade europeia e diversos investimentos estavam sendo feitos no país, ou seja, Portugal estava bombando e a Andersen de lá estava precisando de gerentes de auditoria. Com isso, me fizeram a proposição para que eu me transferisse em definitivo.

Momento muito delicado, decisivo em minha vida. Rosangela estava grávida do Renato e uma mudança para a Europa, primeiro mundo, era mais do que tentadora, sobretudo num país com clima, em geral, agradável, bons vinhos e, vá lá, quase o mesmo idioma. De novo, pesei os prós e contras e decidi ficar no Rio. Aqui, o que pesou mesmo foi o meu amor pelo Rio, para estar perto do mar, desse clima quente que adoro e das diversas pessoas importantes em minha vida. De novo, estou seguro de que fiz a opção mais acertada, pois fui imensamente feliz tendo desenvolvido minha carreira integralmente no Rio.

Em relação a essa efêmera passagem por Lisboa, vale contar uma breve história. Lá chegando, fui designado para cuidar do cliente Olivetti, uma empresa de origem italiana, fabricante de máquinas de datilografia. Desenvolvendo os trabalhos no cliente, percebi que as pessoas frequentemente usavam a expressão "Tô certo ou tô errado?" Aquilo me soava familiar, muito embora eu não me recordasse por quê. Logo, logo percebi que era o bordão usado pelo personagem do Lima Duarte na novela *Roque Santei-*

ro, na qual ele interpretava o personagem Sinhozinho Malta. É que a novela, naquele exato momento, estava passando na TV em Portugal. No Brasil, ela havia passado uns bons anos antes, com estrondoso sucesso, com recordes sucessivos de audiência. Acho até que seu capítulo final registrou o maior índice de audiência da história, mas, sinceramente, não vou "dar um Google" agora para checar. Quem quiser aplacar a curiosidade é só dar aquela pesquisada, não é mesmo?!

Algo engraçado na Olivetti, e não sei se era por filosofia ou coincidência, era que a contabilidade da empresa era lotada de senhoras, todas elas muito sisudas, iracundas e pouco afeitas a conversas. Para se conseguir as informações e documentos era um custo, um verdadeiro sofrimento. E, olha, para o desenvolvimento de trabalhos de auditoria é essencial termos a disponibilidade do pessoal da contabilidade, sem a qual o trabalho não anda.

Bem, no decorrer dos trabalhos, chegando do almoço, presencio uma empolgada conversa das senhoras sisudas sobre o desenrolar da novela e sobre o frisson que os mistérios estavam causando. Parei e pensei: "Opa, aí está a minha chance de trazê-las para o meu lado. É a minha deixa". Falei, e elas já sabiam, que a novela havia passado no Brasil anos atrás, quando então comecei a dar alguns insights sobre a trama para as senhoras sisudas. Elas ficaram loucas de curiosidade. Eu já não me lembrava dos detalhes e frequentemente ligava para minha esposa e pedia informações. Ela não entendia muito bem, mas procurava se informar, pois eu havia dito que era muito importante para mim obter aquelas informações sobre a novela. E olha que eu não podia cair na armadilha de contar todos os mistérios da trama de uma só vez. Tinha de ser aos poucos, para que eu pudesse aproveitar e tirar delas todas as informações e documentos necessários para a execução da auditoria.

Lembro-me de que deixei o último mistério para contar quando já havíamos encerrado os trabalhos, que era a identidade do lobisomem. A propósito, o lobisomem era o Professor Astromar, o que causou certa decepção nas senhoras, pois durante toda a novela havia certa insinuação de que ele seria o tal lobisomem. Elas esperavam algo mais surpreendente...

Bem, mas o que extraí dessa história foi o divertimento que tive nesse tempo e a habilidade em virar o jogo e "conquistar" as senhoras sisudas. Para se ter uma ideia, ao entregarmos o relatório, elas me convidaram para um almoço comemorativo. O sócio do trabalho foi convidado e ficou impressionado. O trabalho nunca havia sido concluído de forma tão tranquila em anos anteriores. Depois disso, o sócio-líder do escritório de Lisboa intensificou as tentativas para me convencer a me transferir para lá, mas não houve jeito. Como já disse ali atrás... "Minha alma canta, vejo o Rio de Janeiro... Estou morrendo de saudades... Rio de mar praia sem fim, Rio você foi feito para mim".

Encerrando, e voltando ao assunto, respeitar a carreira — e a felicidade — minha e dos outros profissionais tem, para mim, um valor inegociável, do qual nunca arredei pé e os desfechos me provaram que eu estava certo.

Cerque-se de todos os cuidados

"Viva como se fosse morrer amanhã.
Aprenda como se você fosse viver para sempre."
Mahatma Gandhi

Durante a carreira, a gente atende a diversos cursos, sejam eles de natureza técnica, comportamental, comercial ou qualquer outra. Recordo-me bem de um treinamento feito quando eu era sênior experiente, na época, portanto, da Avenida Maracanã, a segunda avenida. Tratava-se de um treinamento de criatividade empresarial, baseado em análise transacional, método psicológico que estuda e analisa as trocas de estímulos e respostas, e foi bastante interessante e proveitoso. Lembro-me com clareza de duas mensagens que ficaram desse treinamento:

1) Se você tiver de "engolir um sapo", não convém ficar olhando muito tempo para ele. Ele só engorda. Então engole logo!
2) Não tente ensinar um porco a cantar. Você perde o seu tempo e irrita o porco.

Procurei aplicar esses jocosos, porém pertinentes, ensinamentos em minha vida profissional e pessoal. Se tinha de absorver algum problema — "engolir um sapo" —, eu procurava fazer da forma mais rápida e virar a página logo. Sem arrependimentos, sem ressentimentos. E como diz Chico Pinheiro: "É vida que segue!" E a vida sempre segue, até o dia que o Pai nos chama — e espero que o meu ainda esteja longe.

Também procurei não perder tempo com causas perdidas. E quantos foram os profissionais que ingressaram na carreira sem a menor aptidão! Seja pela pequena capacidade de trabalho, pela inabilidade técnica ou até mesmo pelos valores pessoais em desacordo com os da firma e da profissão. É óbvio que os mais experientes têm a missão e a obrigação de dar treinamento e transmitir as experiências aos mais novos, mas há alguns casos em que não adianta. É como tentar ensinar o porco a cantar. Ele nunca cantará e ficará irritado com a sua insistência.

E, por mais sofrido que seja, em diversas situações, a conclusão é de que a pessoa não tem condições de seguir na carreira e, assim, há de se tomar a decisão quanto ao desligamento do profissional. Em empresas de auditoria é sabido que as promoções são anuais e que quem não apresenta condições de ser promovido, de assumir maiores responsabilidades no ano seguinte, fica fora do jogo. A regra é clara!

Uma vez eu li sobre uma pesquisa feita nos Estados Unidos acerca das maiores dores do homem, que são, na seguinte ordem: a perda de um filho — de longe a maior delas —, a perda dos pais e, por fim, a perda do emprego. Então, por mais que o desligamento de profissionais que não performam faça parte da vida, há que se tomar muito cuidado ao se tratar dessa situação. Não por acaso, deve-se estar bastante seguro quanto às informações e à adequação das avaliações dos profissionais, e se a época do desligamento seria mesmo a menos inoportuna — já que jamais será oportuna.

Lembro-me bem de uma passagem, envolvendo um desligamento, que me deixou muito mal. Era início dos anos 1990, eu era gerente de auditoria e, como cuidava do recrutamento, os sócios me incumbiam de comunicar os desligamentos. Aliás, até hoje não sei bem o motivo, pois uma coisa, a rigor, não tinha nada a ver com a outra. Mas tudo bem, alguém teria de fazer o "trabalho sujo", de qualquer forma — e eu fazia. Normalmente os desligamentos ocorriam no mês de abril, quando se encerrava o período das avaliações anuais. O número do meu ramal à época, 4111, ficou estigmatizado por um bom tempo. Até hoje, quando encontro companheiros daquela época, eles comentam isso.

Pois bem, a história é a seguinte: pedi para chamarem no meu ramal um rapaz que havia, naquele momento, completado 1 ano de empresa. Ele entrou na minha sala, se sentou, e eu comecei a falar sobre a performance dele no ano, as muitas deficiências apresentadas, coisa e tal, e disse, com a delicadeza requerida pelo momento, que a firma havia decidido pelo seu desligamento. É uma notícia sempre bem impactante, mesmo que a pessoa já tenha alguma percepção, algum sentimento de que aquilo vá acontecer. O rapaz, de nome Eduardo Luis, impossível esquecer, ficou impactado, bastante emocionado. É uma situação onde, por mais experiente que você seja, você também fica desconcertado e sofre junto da pessoa.

Eu, então, ponderei que ele, com certeza, teria sucesso em outra carreira e empresa, que era ainda muito novo e tinha imensa estrada pela frente, cheia de possibilidades etc. Perguntei a idade dele, que logo me disse que estava completando 22 anos exatamente naquele dia. Puxa vida! Aquilo me fez muito mal, pela minha falta de cuidado. Não me cerquei de todos os cuidados que temos de ter em situações como essa. Eu poderia muito bem ter deixado para a semana seguinte, mas faltou cuidado em levantar as informações quanto a aniversários, situação familiar ou algum outro aspecto que contraindicasse o desligamento naquele exato dia.

Pelo menos aprendi. No fim das contas, para liderar pessoas, todos precisam de valores humanos e, para tudo na vida, a gente precisa ter a visão mais holística possível mesmo. Não adianta a gente apenas se enveredar pelo caminho da técnica e esquecer que sempre há muito mais em jogo. Após esse episódio, contudo, redobrei os cuidados e, tenho certeza, tornei-me um líder melhor.

Contei essa história que me marcou muito pela falta de cuidado que tive ao tratar de um assunto tão delicado para um profissional pouquíssimo experiente. A seguir, vou contar aqui duas historinhas um pouco anedóticas — e, inclusive, um pouco assustadoras — sobre os desafios da vida e a necessidade que temos de sempre nos acercar de todas as garantias e cuidados. Acredite, às vezes a sua própria integridade física, e mesmo sua vida, é que são colocadas em jogo.

O mundo dos negócios muitas vezes pode ser mais selvagem do que parece. Não é qualquer empresa que possui o grau de institucionalização e de civilidade nas relações de uma EY. A civilização, afinal, é a troca da violência pela mediação da palavra, mesmo que agressiva. No fim das contas, o que define a civilização é a capacidade de xingar uma pessoa que você não gosta e que te irritou, em vez de dar com um tacape na cabeça dela.

Divagações à parte, vamos às histórias: a primeira se deu em um certo supermercado, enorme, complexo e largamente desconhecido no Brasil. Tratava-se de um trabalho de *due dilligence* (que é a busca de informações sobre uma empresa), contratado por um cliente da Andersen. Chegando ao tal estabelecimento, de imediato encontro o dono para uma reunião. Vou entrevistando-o para obter as informações relevantes ao nosso trabalho, até o momento decisivo, em que pergunto, sem muita enrolação: "Você tem caixa 2?". Com um ar desconfiado, cabreiro, receoso, ele responde: "Claro, tenho". Dito isso, devolvo: "Como você faz?" Lívido e estarrecido, ele responde: "Faço como todo mundo faz". Insisto: "Mas como todo mundo faz? Não tendo registro, como você consegue cobrar seus devedores?"

Ele, então, já impaciente, achando que eu estava fazendo ele de bobo, abre a gaveta e mostra a pistola calibre 38, o famoso "três oitão". Não era preciso perguntar mais nada... disfarcei, encerrei a entrevista e saí de lá. Trabalho concluído. Vai que eu fico por lá e faço alguma pergunta que pudesse desagradar demais o rapaz?!

A segunda historieta, por sua vez, é bastante recente, dessa reta final da carreira. Em junho de 2019, fomos convidados, eu e o sócio responsável da conta, o Martorelli, para a inauguração da nova fábrica da Coca-Cola, em Duque de Caxias, na caótica e já citada Baixada Fluminense. Como habitual nesses anos recentes, seguimos caminho guiados pelo aplicativo israelense Waze, que tanto facilitou a vida dos motoristas nos últimos anos.

Acontece que o endereço colocado era exatamente igual a um outro, cujo destino se dava em Belfort Roxo, município que possui áreas altamente conflagradas e perigosas. Já percebendo que talvez tivesse algo muito errado, enquanto dirigia, eu perguntava ao Martorelli se aquele endereço estava realmente certo. Quando chegamos ao destino, estávamos entre duas comunidades e uma borracharia daquelas típicas dos subúrbios e comunidades do Rio de Janeiro. Pergunto, então, para um sujeito que trajava uma camisa do Flamengo, algo também bastante típico, onde ficava a fábrica da Coca-Cola. Ele respondeu que não sabia. Ali nos demos conta, de vez, que havíamos feito alguma besteira. Checando novamente no aplicativo, percebemos que havia 4 (quatro!) Avenidas Automóvel Clube — nome do nosso destino. Selecionamos a errada.

Era hora, então, de sairmos daquele lugar de aparência hostil. Nesse momento, entretanto, o borracheiro nos faz o alerta para nos evadirmos do local o mais rápido possível, pois o pessoal do "movimento" era bastante pilhado e podia achar que éramos policiais e mandar tiro de fuzil na gente. Saímos dali, num momento curto que pareceu eterno, dada a tensão enorme que vivemos. Imagina para o Martorelli, paulistano, que apesar de já morar no Rio há mais de 10 anos, não conhece bem os meandros da Baixada. Acertamos o endereço e 40 minutos depois, graças ao bom Deus, chegamos a Duque de Caxias, no local certo.

Essas histórias acabam fazendo parte do folclore da carreira e são sempre relembradas e a gente se diverte contando. Mas o fato é que a vida é mesmo um detalhe, "coisa muito frágil, uma bobagem, uma irrelevância", como diz a música de Nando Reis. Disso fica o alerta, não só para a vida profissional, mas para todos os aspectos e âmbitos da vida: cerque-se, sempre, de todos os cuidados.

Ética — a história mais marcante

"Eu desejo que você ganhe dinheiro
Pois é preciso viver também
E que você diga a ele
Pelo menos uma vez
Quem é mesmo o dono de quem

Desejo que você tenha a quem amar
E quando estiver bem cansado
Ainda exista amor para recomeçar"
Trecho da música *Amor pra recomeçar*, de Frejat

"Aprendi que o dinheiro tem valor em troca de muita coisa, mas muita coisa só tem valor se for de graça. Aprendi que o preço é quase sempre o lado corrompido do valor."
Trecho de *As mais belas coisas do mundo*, de Valter Hugo Mãe

Ética é um tema que já abordei bem lá atrás, logo nas primeiras páginas. Mas há uma história que, contada em seus detalhes, com certeza tem uma capacidade de ensinamento muito superior a qualquer definição simplista e insuficiente de um tema. Uma história, uma narrativa, consegue ilustrar. Não há nada mais visceralmente humano do que contar histórias, que é ato que nos remete aos primórdios da nossa existência: lá atrás, já contávamos causos, reflexões ou, até mesmo, nossos delírios, em volta de uma fogueira. A linguagem é, sem dúvida, a característica que mais nos distingue, como humanos, dos outros animais. Ela é o centro de tudo, e uma história bem contada, aproveitando essa nossa dádiva que é a linguagem, condensa e explica melhor tudo o que acumulamos de conhecimento, transforma o abstrato em concreto.

A história que conto a seguir é, sem dúvida, o maior exemplo de comportamento ético com que eu me deparei em toda a carreira. Vamos, pois, a ela: nos idos de 2007, fomos apontados auditores da Rede D'Or — de hospitais —, e eu era o sócio responsável pela conta. Aliás, antes de entrar na passagem em si, vale abrir um parêntese para contar um pouco sobre como aconteceu a conquista da conta da Rede D'Or.

Com o advento da lei nº 11.638/2007, passou-se a exigir que empresas de grande porte — leia-se, com receita superior a R$300 milhões e/ou ativos superiores a R$240 milhões — tivessem, mandatoriamente, seus demonstrativos financeiros auditados. Na oportunidade, mapeamos as empresas que passariam a ter tal obrigação e selecionamos aquelas que nos interessariam atrair como clientes de auditoria. Das empresas localizadas no Rio de Janeiro, a Rede D'Or era uma delas, ou melhor, a ponta de lança delas.

Fizemos, então, contato com a empresa e marcamos uma reunião para falarmos do assunto, quando, para nossa frustração, eles nos avisaram que já estavam numa fase final de apreciação de propostas, pois já haviam contatado algumas empresas e não haviam conseguido contato conosco. Estranhei bastante a informação e quis saber qual o canal que eles haviam utilizado para nos contatar, ao passo que fui informado de que haviam tentado através de nosso telefone 2224-0050. Estava explicado. Eu, na hora, disse que aquele não era o nosso número geral, e logo percebi que, de forma enganada, eles estavam discando para o número do CEP de nosso endereço à Praia de Botafogo. Uma tremenda confusão! Rimos da situação, resolvemos esse mal-entendido e conseguimos tempo para apresentar nossa proposta, que, ao final, se sagrou vencedora. Olha a competência mesclada com aquela pequena pitada indispensável de sorte aí de novo...

Voltando: nossos principais contatos na rede eram os irmãos Pedro e Paulo Moll, que tocavam a parte administrativa da empresa. Rapazes brilhantes, inteligentíssimos, cultivados e complementares um ao outro. O Paulo é aquele que consegue enxergar toda a floresta, que foca na grande figura, na visão em perspectiva ampla. O Pedro também possui essa qualidade na medida necessária, mas é o cara que tem a paciência e tenacidade para cuidar de árvore a árvore, ou seja, é o cara do detalhe, daquelas minúcias e miudezas nem um pouco desimportantes. Cada um à sua maneira, duas grandes personalidades e profissionais.

A minha história, que os envolve intrinsecamente, ocorreu em outubro de 2009. Era casamento da Bárbara, filha do meu primo Zé Moreira (o citado Zé da bomba), e combinei com minha mãe, a saudosa Dona Celeste, que ela iria para minha casa e seguiria de lá, com Rosangela e Renato, para a cerimônia religiosa, em Laranjeiras. Eu iria direto do escritório em Botafogo, muito próximo à igreja, que fica no Palácio das Laranjeiras, e os encontraria por lá.

No final da tarde desse dia, Rosangela me faz uma ligação, informando que minha mãe havia chegado em nossa casa e estava se queixando de uma dor nas costas, dizendo que era da coluna. Eu perguntei sobre a região da dor, e, quando ela me disse que era na parte mais alta das costas e com reflexo nas partes laterais, eu, num daqueles estalos da vida, falei que era para ela se deslocar imediatamente com minha mãe para o Barra D'Or, pois muito provavelmente ela estaria sofrendo um enfarte.

Àquela altura, em que já estavam todos arrumados para o casamento, entraram correndo no carro e Renato, meu filho, saiu desesperado e em disparada pelo trânsito, já na hora do rush, usando de todas as suas habilidades de piloto — Renato sempre foi um fã de velocidade e automobilismo e, nesse momento, as mesmas qualidades que sempre desesperaram a mim e Rosangela foram essenciais para salvar minha mãe. Pois é, a vida é ambígua e complexa mesmo, e as coisas podem ser, ao mesmo tempo, uma virtude ou um defeito, a depender do ângulo da análise...

Enquanto isso, eu ligava para os irmãos Moll, deixando recado em suas caixas postais. O primeiro a me retornar foi o Paulo, e eu, então, falei do caso e pedi uma atenção especial à minha mãe, que estava se dirigindo para o Barra D'Or. O Pedro me ligou na sequência, porém eu já havia feito o pedido ao Paulo, que já havia tomado as devidas providências. Quando cheguei ao hospital, não deu outra: minha mãe havia mesmo sofrido um forte enfarte e estava na unidade de terapia intensiva coronariana.

Os médicos ainda discutiram sobre a adequação ou não de se colocar pontes de safena, mas com a ajuda de meu amigo-irmão cardiologista Manolo, que deu todo o apoio e nos ajudou nas decisões mais difíceis a serem tomadas, optaram por colocar *stents*. Três semanas depois minha mãe deixou o hospital. Também devo mencionar que meu amigo Jorge Khoury foi um ombro muito amigo nesses dias tão difíceis. Invariavelmente ele ia junto do Manolo nas visitas à minha mãe.

Quando da saída da minha mãe, tendo ela recebido alta dos médicos, fui à administração do hospital para efetuar o pagamento — minha mãe não possuía plano médico —, e me pediram para passar lá na manhã seguinte, pois a fatura não estava pronta. Não era o ideal para mim, pois, normalmente, eu seguia de casa, na Barra da Tijuca, para o trabalho pela zona sul, passando pela terceira avenida, a Niemeyer.

Para passar pelo Barra D'Or, porém, eu teria de seguir depois pela Linha Amarela, caminho muito menos agradável e que não gosto de fazer. A única vantagem é que indo pela Linha Amarela passa-se em Bonsucesso e, depois, pela Avenida Brasil, que me remetem a tempos tão difíceis quanto doces. Vale relembrar. Tempos de juventude, energia e muita esperança.

Pois bem, no dia seguinte saio mais cedo de casa e passo no Barra D'Or, vou à administração e o pessoal me diz que a conta ainda não estava pronta. Caramba! Fico bastante chateado, enfezado, e reclamo, até que vem a informação que, na realidade, minha conta estava em poder da direção. Falei, então: "Ok, tudo bem. Quando vocês tiverem a definição sobre a conta, por favor, entrem em contato comigo, que resolverei tudo o quanto antes". Sigo para o escritório e logo recebo uma ligação do Pedro Moll.

Atendo a ligação, ele me diz que está na posse da minha conta e me faz seguinte proposição: "Mauro, estou aqui com a conta referente à internação de sua mãe. Eu te pergunto: fica ruim para você se fecharmos a conta em R$X mil?" Respondi: "Pedro, o que você definir é o que aceitarei. Para mim está bem". Ele, então, fez um outro comentário: "Em três vezes, está ok?"

No que eu retruquei: "Pedro, como disse, o que vocês fizerem serei agradecido e aceitarei".

Bem, tudo alinhado, no dia seguinte, saio de casa mais cedo e vou de novo à administração do hospital, dessa vez para efetuar o pagamento, pois toda a documentação já se encontrava lá, com as devidas aprovações da diretoria. E, para minha surpresa, o pagamento ainda pôde ser feito via cartão de crédito. Tratamento excelente e com todas as facilidades.

Um detalhe importante de se destacar é que, como na época a Unimed Rio era cliente de auditoria do qual eu também era o sócio responsável, eu já havia aproveitado para conversar com alguns especialistas para que me fosse passada uma ideia aproximada dos custos de tudo aquilo. Duas semanas de UTI, *stents*, alguns dias no quarto etc., e a estimativa girava em torno de uns R$3X mil; ou seja, além do excelente serviço, do enorme cuidado que tiveram com a minha mãe e das facilidades para o pagamento, ainda me foi dado um desconto imenso. Mas a história não acaba aí, muito pelo contrário, aí é que começa.

Cerca de uma semana depois eu tinha uma reunião, já agendada havia algum tempo, com o Pedro, para tratar da renovação de nosso contrato de auditoria. Quando chego à reunião, vou logo falando sobre a conta de minha mãe e o Pedro me interrompe de pronto, falando para falarmos sobre aquele assunto depois, que era para a gente tratar logo do tema da reunião, sobre a renovação do nosso contrato de auditoria. O Pedro é aquele cara que briga literalmente no centavo, um negociador duro, firme como titânio.

Quando viaja com a família, ele quer ir de classe econômica. A secretária, que está com a família há séculos, é que não deixa e compra passagens de classe executiva. Mas vamos lá, iniciada a reunião, começa aquele "puxa para cá", "tira daqui", "não concordo com isso", "não", "isso nunca", "você está maluco" para cá e para lá e por aí vai. Cada um defendendo ética e arduamente os seus interesses. Pois bem, depois de muita discussão e de um suadouro enorme, chegamos a bom termo e, finalmente, acordamos o valor dos honorários.

Terminada a questão, o Pedro diz: "Pronto, agora podemos falar da conta da sua mãe. Na realidade, Mauro, nós basicamente só cobramos os materiais que foram aplicados". Foi quando me caiu completamente a ficha e me dei conta do quanto Pedro estava sendo ético naquele momento. Pois, vejam vocês, imaginem só se ele me passa essa informação antes da nossa discussão de honorários? Em que posição eu ficaria? Ele teria uma influência enorme e eu ficaria completamente vendido para discutir com mais firmeza qualquer aspecto na renovação do contrato. E olha que fui eu quem foi logo puxando o assunto, que poderia me deixar totalmente fragilizado naquela negociação. Deixei-o, involuntariamente, com a faca e o queijo na mão para sair nas conversas em vantagem negociadora.

Mas o Pedro não queria que eu ficasse naquela situação e fez questão de não misturar os assuntos. Ele poderia muito bem se aproveitar da situação, sem que eu sequer percebesse. Nem haveria a necessidade de ser muito ardiloso, pois, afinal, como dito, fui eu quem puxou o assunto logo de cara e o flanco estava aberto; a porta, escancarada; e o bode, na sala. Ele, eticamente, não queria que eu estivesse fragilizado na discussão e sustentou uma negociação honesta e direta, do início ao fim. Esse foi, sem dúvida, e de longe, o melhor exemplo de comportamento ético que eu presenciei na minha carreira.

Talvez tenhamos nos acostumado demais com a ideia de que nos negócios vale tudo e que escrúpulos e ética são preciosismos desnecessários, que deveriam ficar restritos às ligações pessoais. "Amigos, amigos, negócios à parte". Essa história, porém, prova que há muito espaço para honestidade, decência e ética numa negociação. E quando a negociação é justa, todos ganham. Esse é o tipo de coisa que separa as grandes pessoas daquelas que são menores, mesquinhas. E os irmãos Moll, com toda a certeza, estão na primeira categoria, na fila da frente.

Já tive a oportunidade de citar essa passagem em alguns eventos de que participei. Não perco a chance. Num desses eventos, o CEO Summit organizado pela Endeavor, para o qual são convidados empresários de sucesso para compartilharem suas histórias e trajetórias, eu fui convidado para ser o entrevistador do Jorge Moll, patriarca da família e fundador dos hospitais da Rede D'Or.

Tive a oportunidade, ao final da entrevista, de citar essa passagem, que muito bem ilustrava os valores da família e que é, na minha opinião, um dos pilares do sucesso empresarial da Rede D'Or. Não tenho dúvidas de que ele ficou muito orgulhoso da atitude dos filhos. E eu, por minha vez, sou extremamente grato pela nobreza dessas atitudes.

EPÍLOGO

Antes de rascunhar qualquer coisa por aqui, deixo, adaptado, um trecho do clássico *David Copperfield*, de Charles Dickens, que, creio eu, já sintetiza muito do que pretendo dizer com enorme clareza e perspicácia:

"Sinto que não me caberia registrar, mesmo sendo este manuscrito destinado apenas aos meus olhos, como trabalhei duro naquela tremenda taquigrafia, e todos os progressos que fiz nela, em meu senso de responsabilidade. Só acrescentarei que o que escrevi sobre minha perseverança neste momento da minha vida e da energia paciente e contínua que então começou a amadurecer dentro de mim e que sei constitui a parte mais forte de meu caráter, se ele tem alguma força, é que aí, olhando para trás, encontro a fonte de meu sucesso. Tive muita sorte em questões do mundo; muitos homens trabalharam muito mais duro e não obtiveram nem a metade do meu sucesso. Mas eu nunca poderia ter feito o que fiz sem os hábitos de pontualidade, ordem e diligência, sem a determinação de me concentrar em um objetivo de cada vez, por mais depressa que viesse o objetivo a seguir, que eu então definia. O céu sabe que escrevo isto não no espírito de autoglorificação. O homem que revisa sua própria vida, como faço com a minha, prosseguindo aqui, página a página, tem necessidade de ter sido um bom homem de fato, se quer ser poupado da aguda consciência de muitos talentos negligenciados, muitas oportunidades desperdiçadas, muitos sentidos erráticos e pervertidos constantemente em luta dentro do peito, e derrotando-o. Ouso dizer que não possuo nenhum dom natural de que tenha abusado. Quero dizer apenas que tudo o que tentei na vida, tentei com todo o coração fazer bem; que tudo a que me dediquei, me dediquei completamente; que nos grandes e pequenos objetivos, sempre avancei com empenho. Nunca acreditei possível que qualquer habilidade natural ou aprimorada pudesse pretender ser imune à companhia das qualidades firmeza, simplicidade e trabalho duro, e esperar conquistar seu fim. Não existe algo como essa realização nesta terra. Algum talento fortuito, alguma oportunidade privilegiada, pode dar forma aos dois lados da escada por onde alguns homens sobem, mas as voltas dessa escada devem ser feitas para suportar desgastes e danos; e não existe substituto para dedicação, ardente e sincero empenho. Concluo agora que nunca pôr as mãos em algo em que não pudesse me lançar por inteiro; e nunca depreciar meu trabalho, fosse qual fosse, foram as minhas regras de ouro."

É isso. Como vocês que me leem já sabem, este livro foi lançado em 2020, ano em que me retirei das minhas atividades na carreira que escolhi para seguir, a de auditor. Deixo aqui um relato sincero de momentos importantes por mim vividos, felizes ou não. Penso que não dá para fazer uma distinção do que seja vida pessoal e vida profissional, apenas numa pequena medida, até porque elas se confundem muito. Conheci boa parte dos meus amigos através de contatos profissionais. Pessoas que trabalharam na mesma empresa, que trabalharam em clientes que atendi ou em instituições com as quais me relacionei. Por isso, meu objetivo, se é que posso resumi-lo em poucas palavras, sempre foi o de ter uma vida feliz e poder controlar o meu destino.

Ainda tenho muito chão pela frente, espero eu. Entro agora em uma nova fase da minha vida, na qual continuarei trabalhando, empreendendo exclusivamente em atividades que também me

EPÍLOGO

tragam satisfação e orgulho. São muitos os planos. Mas, cumprida, com enorme êxito, essa etapa da qual me despeço, que talvez seja a mais longa de minha vida, posso olhar para trás e ver o caminho que percorri com muito orgulho e realização. Foram anos dourados da minha vida. Espero que os próximos sejam, sei lá, de esmeralda.

Encerro a carreira com a plena sensação do dever cumprido. De ter jogado o jogo bem jogado, na bola; ou seja, todas as atividades que tive durante a carreira foram desenvolvidas de maneira *ética*, justa e profissional. "*Regrets, I've had a few, but then again, too few to mention*" ("Lamentos, eu tive alguns, mas novamente, pouco para mencionar"). Mesmo nas empresas concorrentes eu colecionei amigos, uns mais e outros menos, mas nenhum inimigo. Aliás, cabe a honrosa menção aos duríssimos concorrentes que tive de vencer, que eram bastante competentes e briosos. Consegui ser muito feliz na carreira e programá-la de acordo com minhas expectativas e imperativos, ou seja, consegui ser feliz e controlar o meu destino, exatamente como sempre desejei.

Muitos foram os momentos de pressão e de exaustão mesmo, mas muitos também foram os momentos de alegria, diversão e regozijo. Posso dizer que me diverti bastante na carreira, que foi um grande playground, a despeito das dificuldades. E nessas terríveis coincidências da vida, em meu último ano como sócio, a EY foi apontada para fazer a auditoria das demonstrações financeiras do exercício de 2019 do Clube de Regatas do Flamengo, e, vejam só, eu fui o sócio do trabalho — e que assinou o parecer de auditoria! Imagina para mim, vascaíno até o último fio de cabelo, frequentar o maior clube rival a essa altura da vida. Quanto sofrimento!

Mas sofrimentos — e brincadeiras — à parte, foi uma ótima experiência participar desse momento de transformação profissional que o clube está passando e que, com certeza, vai incentivar outros clubes a seguirem o mesmo caminho, para o bem do nosso futebol, esporte que nós brasileiros amamos. Falando em esporte, essa enorme paixão que tenho, vivi tempos muito felizes: pude ver os maiores de todos os tempos ao vivo, vi gol do Pelé, in loco (ao vivo), no meu aniversário de 15 anos; vi Michael Jordan, Michael Phelps, Mohamed Ali, Usain Bolt (esse também assisti in loco, no Engenhão, conquistando a medalha de ouro dos 100m rasos) e tantos outros. Assisti à Copa do Mundo e às Olimpíadas, inclusive as cerimônias de abertura e encerramento, na minha casa, o Rio de Janeiro! E isso não tem preço, apenas valor.

Como auditor, tive diversos clientes especiais, e já exaustivamente citados, que me proporcionaram experiências e lembranças inesquecíveis. Coca-Cola, Globo, Telebras, Telefónica, Tim, Vale são alguns deles. Mas, para que ficasse marcado na minha história como o último relatório de auditoria por mim assinado, eu fiz questão de que esse fosse o da Multiplan, por tudo o que essa empresa representou na minha carreira. E assim o foi. Em abril de 2020 assinei o relatório sobre as informações trimestrais da Multiplan Empreendimentos Imobiliários, de 31 de março de 2020.

A maior preocupação — e cuidado — que tive na carreira foi a de estar pronto para os desafios que teria pela frente. Procurei me manter atualizado e bem capacitado tecnicamente. Procurei estar comprometido com todos os aspectos envolvidos nos trabalhos, desde a qualidade, passando pela pontualidade com os prazos, até o comprometimento com as pessoas que, a muitas mãos, os fariam. Não menos importante, busquei desempenhar todas as minhas funções dentro de padrões éticos inquestionáveis.

Durante todo esse tempo, graças a Deus, recebi infinitamente mais elogios do que reclamações. E, mesmo nos entreveros,

EPÍLOGO

nunca fui acusado de incompetência, falta de comprometimento ou comportamento antiético. O trabalho, no fim das contas, deve ser um valor, não uma ciranda de vaidades e ganância desmedida. Deve ser um meio de orgulho, satisfação e, claro, para obter dinheiro para uma vida confortável. O dinheiro não deve, jamais, ser um fim em si mesmo ou nosso dono. A nossa posição deve ser sempre de agente, e não de objeto, perante a grana e as coisas materiais, de um modo geral.

Consumo está longe de ser a essência da vida, que está nos nossos afetos, na nossa família, nos nossos amigos. As conquistas materiais devem estar a serviço desses laços, que são do que vamos nos lembrar com carinho no fim da caminhada. O carro importado e o terno bem cortado são bons, mas a gente esquece. Claro, não tenho a menor pretensão de ser um monge franciscano nem de levar uma vida espartana demais, mas as coisas devem estar a nosso serviço. Para quem gosta, não há como negar a delícia que é tomar um bom vinho com quem se ama. O excesso é vulgar e cafona, mas a precariedade também não ajuda em nada na vida. O equilíbrio é a chave, e foi isso que sempre busquei.

Dessa forma, aos 60 anos de idade, e ainda me sentindo muito bem, pronto para muitos novos desafios, eu cerro as cortinas de minha carreira em auditoria, com o pleno sentimento de dever muito bem cumprido e com a esperança de que as histórias que aqui narrei possam ter alguma utilidade para você, que caminhou comigo até estas linhas finais. Agradeço-lhes. E agradeço a Deus, que vem me proporcionando uma vida muito plena e generosa.

Mauro Moreira

POSFÁCIO

Filho da Dona Celeste e Seu Moadir, Mauro Moreira nasceu no bairro carioca de Bonsucesso e lá viveu a juventude ao lado do Jorge, seu irmão e conselheiro.

Na Arthur Andersen conheceu sua paixão, a Rosangela, companheira há 35 anos. Tem grande orgulho do filho, Renato, e infinito amor pela família.

Torce pelo Bonsucesso, pelo Vasco da Gama e pela Imperatriz Leopoldinense, a escola do coração. Coloca Deus acima de tudo.

Formado em administração de empresas e ciências contábeis, fez cursos em universidades nos Estados Unidos e na Europa, o que contribuiu para sua ascensão profissional.

O primeiro emprego foi como office-boy interno e aprendiz de ofício na Light. Trabalhou no Chase Manhattan Bank e iniciou a carreira de auditor na Arthur Andersen, onde se tornou sócio.

Transferiu-se para a Ernst&Young, onde deu continuidade à sua carreira de grande sucesso. Encerrou sua atuação como auditor no ano do lançamento deste livro, 2020.

Conheci Mauro Moreira no período em que ele atendeu o Grupo Globo, como sócio da Ernst&Young. Mas foi só a leitura da primeira versão deste livro que revelou a mim o ser humano sensível e generoso que sempre existiu por trás do executivo de sucesso. Espero que essa revelação também ocorra com você, leitor.

Octávio Florisbal

ROTAPLAN
GRÁFICA E EDITORA LTDA

Rua Álvaro Seixas, 165
Engenho Novo - Rio de Janeiro
Tels.: (21) 2201-2089 / 8898
E-mail: rotaplanrio@gmail.com